entre Sartre y Camus

mario vargas llosa

colección la nave y el puerto
ensayo/crítica

1981

ediciones huracán

Primera edición: 1981

Portada y diseño gráfico: J.A. Peláez
Al cuidado de la edición: Carmen Rivera Izcoa

Impreso y hecho en Estados Unidos de América/
Printed and made in United States of America

Número de catálogo Biblioteca del Congreso/
Library of Congress Catalog Number: 81-68707
ISBN: 0-940238-48-9

4.50

Georgette M. Dorn
4702 Essex Av.
Chevy Chase, Md 20815

ENTRE SARTRE Y CAMUS

Colección: La nave y el puerto
Director: Arcadio Díaz Quiñones

A Octavio Paz

PROLOGO

Estos textos fueron dictados por la transeúnte actualidad y publicados en periódicos y revistas a lo largo de veinte años. Dicen más sobre quien los escribió que sobre Sartre, Camus o Simone de Beauvoir. Están plagados de contradicciones, repeticiones y rectificaciones y acaso eso sea lo único que los justifique: mostrar el itinerario de un latinoamericano que hizo su aprendizaje intelectual deslumbrado por la inteligencia y los vaivenes dialécticos de Sartre y terminó abrazando el reformismo libertario de Camus.

Bajo su aparente desorden, les da unidad la polémica que aquellos dos príncipes de la corte literaria francesa sostuvieron en los años cincuenta y de la que cada artículo da testimonio parcial e, incluso, tendencioso, pues era una polémica que, sin saberlo, también se llevaba a cabo en mí y conmigo mismo. Estos textos indican que a lo largo de esos veinte años los temas y argumentos esgrimidos por Sartre y Camus reaparecían una y otra vez en lo que yo pensaba y escribía, resucitados por las nuevas experiencias políticas del tiempo que corría y mi propia aventura personal, obligándome a revisarlos bajo esas nuevas luces, a repensarlos y a repensarme hasta acabar dándole la razón a Camus dos décadas después de habérsela dado a Sartre.

Vale la pena recordar ahora, pues pocos lo hacen, esa célebre polémica del verano parisino de 1952, que tuvo como escenario las páginas de Les temps modernes y que opuso a los autores de La náusea y La peste, hasta entonces amigos y aliados y las dos figuras más influyentes del momento en la Europa que se levantaba de las ruinas de la guerra. Fue un hermoso espectáculo, en la mejor tradición de esos fuegos de artificio dialéctico en los que ningún pueblo ha superado a los franceses, con un formidable despliegue, por ambas partes, de buena retórica, desplantes teatrales, golpes bajos, fintas y zarpazos, y una abundancia de ideas que producía vértigo. Es significativo que sólo conociera la polémica meses más tarde, gracias a una crónica de la revista Sur, y que sólo pudiera leerla uno o dos años después, ayudado por diccionarios y por la paciencia de Madame del Solar, mi profesora de la Alianza Francesa.

Las circunstancias han cambiado, los polemistas han muerto y desde entonces han surgido dos generaciones de escritores. Pero aquella polémica es aún actual. Cada mañana la reactualizan los diarios, con su ración de estragos, y los dilemas políticos y morales en que nos sumen. Los casi treinta años transcurridos han despejado el terreno, llevándose la hojarasca. Ya no importa saber si lo que originó la discusión fue, meramente, el disgusto que produjo a Camus el artículo que sobre El hombre rebelde escribió Francis Jeanson en Les temps modernes o si esto fue apenas la gota que desbordó el vaso de una diferencia ideológica que había venido incubándose hacía tiempo y que alcanzó su clímax con la revelación de la existencia de campos de trabajo forzado en la URSS,

hecho ante el que Sartre y Camus reaccionaron de ma-
nera diametralmente opuesta.

Cuando uno lo relee, ahora, descubre que lo sustan-
cial del debate consistió en saber si la Historia lo es
todo o es sólo un aspecto del destino humano, y si la
moral existe autónomamente, como realidad que tras-
ciende el acontecer político y la praxis social o está
visceralmente ligada al desenvolvimiento histórico
y la vida colectiva. Son estos temas los que abren un
abismo entre los contendores, a pesar de lo mucho
que los unía. Ninguno de ellos era un 'conservador',
satisfecho de la sociedad en que vivía; a ambos escan-
dalizaban las injusticias, la pobreza, la condición
obrera, el colonialismo, y ambos anhelaban un cam-
bio profundo de la sociedad. Ninguno de ellos creía
en Dios y ambos se llamaban socialistas, aunque
ninguno estaba inscrito en un partido y aunque la
palabra significara algo distinto para cada cual.

Pero para Sartre no había manera de escapar a la
Historia, esa Mesalina del siglo veinte. Su metáfora
de la pileta es inequívoca. Es posible que las aguas es-
tén llenas de barro y de sangre, pero, qué remedio,
estamos zambullidos en ellas y hay que aceptar la
realidad, la única con la que contamos. En esta pisci-
na que compartimos hay una división primera y pri-
mordial que opone a explotadores y explotados, a
ricos y pobres, a libres y esclavos, a un orden social
que nace y otro que declina. A diferencia de los comu-
nistas ortodoxos, que se niegan a ver los crímenes que
se cometen en su propio campo, Sartre los reconoce
y los condena. Así lo ha hecho con los campos de
trabajo forzado en la URSS, por ejemplo. Pero, para

él, *la única manera legítima de criticar los 'errores'
del socialismo, las 'deficiencias' del marxismo, el
'dogmatismo' del partido comunista es a partir de
una solidaridad previa y total con quienes —la URSS,
la filosofía marxista, los partidos pro-soviéticos—
encarnan la causa del progreso,* a pesar de todo. *Los
crímenes de Stalin son abominables, sin duda. Pero
peores son aquellos que convierten a la mayoría de
la humanidad en una mera fuerza de trabajo, destina-
da a llenar los bolsillos de la minoría que es dueña
del capital y de los útiles de producción y que ejerce,
en la práctica, el monopolio de la cultura, la libertad
y el ocio. La guerra entre ambos órdenes es a muerte
y no hay manera de ser neutral ni indiferente. Quien
pretende serlo, lo único que logra es volverse un instrumento inerte en manos de uno u otro bando. Por
eso, hay que tomar partido y él lo hace, en nombre
del realismo y de una moral práctica. Con todos sus defectos, la URSS y el socialismo marxista representan
la opción de la justicia; el capitalismo, aunque tenga
aspectos positivos, hecho el balance será siempre la
alternativa de la injusticia.*

Para Camus este *'realismo'* abre las puertas al cinismo político y legitima la horrible creencia de que la
verdad, en el dominio de la historia, está determinada
por el éxito. Para él, el hecho de que el socialismo,
que representó, en un momento, la esperanza de un
mundo mejor, haya recurrido al crimen y al terror,
valiéndose de campos de concentración para silen-
ciar a sus opositores —o, mejor dicho, a los opositores de Stalin— lo descalifica y lo confunde con
quienes, en la trinchera opuesta, reprimen, explotan

y mantienen estructuras económicas intolerables. No hay terror de signo positivo y de signo negativo. La práctica del terror aparta al socialismo de los que fueron sus objetivos, lo vuelve 'cesarista y autoritario' y lo priva de su arma más importante: el crédito moral. Negarse a elegir entre dos clases de injusticia o de barbarie no es jugar al avestruz ni al arcángel sino reivindicar para el hombre un destino superior al que las ideologías y los gobiernos contemporáneos en pugna quieren reducirlo. Hay un reducto de lo humano que la Historia no llega a domesticar ni a explicar: aquel que hace del hombre alguien capaz de gozar y de soñar, alguien que busca la felicidad del instante como una borrachera que lo arranca al sentimiento de la absurdidad de su condición, abocada a la muerte. Las razones de la Historia son siempre las de la eficacia, la acción y la razón. Pero el hombre es eso y algo más: contemplación, sinrazón, pasión. Las utopías revolucionarias han causado tanto sufrimiento porque lo olvidaron y, por eso, hay que combatir contra ellas cuando, como ha ocurrido con el socialismo, los medios de que se valen empiezan a corromper los fines hermosos para los que nacieron. El combate contra la injusticia es moral antes que político y puede, en términos históricos, ser inútil y estar condenado al fracaso. No importa. Hay que librarlo, aun cuando sea sin hacerse ilusiones sobre el resultado, pues sería peor admitir que no hay otra alternativa para los seres humanos que escoger entre la explotación económica y la esclavitud política.

¿Quién ganó ese debate? Me atrevo a pensar que, así como er este librito comienza ganándolo Sartre

para luego perderlo, se trata de un debate abierto y escurridizo, de resultados cambiantes según las personas que lo protagonizan periódicamente y los acontecimientos políticos y sociales que, a cada rato, lo reavivan y enriquecen con nuevos datos e ideas. ¿Reforma o revolución? ¿Realismo o idealismo político? ¿Historia y moral o Moral e historia? ¿La sociedad es la reina o el individuo es el rey? Resumidos hasta el esqueleto los términos de la polémica, surge la sospecha de que Sartre y Camus fueran apenas los efímeros y brillantes rivales de una disputa vieja como la Historia y que probablemente durará lo que dure la Historia.

Lima, junio, 1981

REVISION DE ALBERT CAMUS

Un autor conquista grandes masas de lectores de la misma manera que las pierde: misteriosa y repentinamente. La relación entre un escritor y su público es casi siempre extraña y parece fundarse no en la razón, sino en los sentimientos o el instinto. Su semejanza con la pasión amorosa es sorprendente: surge de improviso y, aún en sus momentos más entrañables, tiene carácter precario. ¿Cómo explicar, por ejemplo, el caso de Albert Camus? Hace quince años era uno de los príncipes rebeldes de la juventud francesa y hoy ocupa el lastimoso puesto de un escritor oficial, desdeñado por el público y vigente sólo en los manuales escolares.

Algunos piensan que el derrumbe de Camus es consecuencia de su actitud frente al drama argelino. Desgarrado por un problema que lo obligaba a elegir entre una causa justa y una minoría de la cual se sentía solidario porque había nacido y vivido entre ella, Camus, como es sabido, optó por el silencio o las declaraciones ambiguas. No creo que ésta sea una razón suficiente. El público puede encontrar la conducta de un escritor odiosa, condenable y hasta aborrecible, sin que ello lo aleje de sus libros. Nadie que yo sepa justifica la involución de Malraux ni el antisemitismo del alucinado Louis Ferdinand Céline; y, sin embargo, las novelas de ambos están más vivas que nunca, cada día ganan nuevos lectores. Lo curioso en el caso de Camus es la coincidencia entre la suerte del hombre y la obra: él y sus libros cayeron al mismo tiempo en el limbo y ni el diablo ni el buen dios se interesan ahora en ellos.

El primer tomo de los *Carnets* de Albert Camus que acaba de publicar la editorial Gallimard, contiene una serie de pistas y llaves maestras que justifican una tentativa para aclarar el singular destino de este escritor. Desde muy joven, Camus llevó una especie de diario íntimo, donde anotaba proyectos, reflexiones y lecturas. A veces, en pocas líneas bosquejaba un argumento, un personaje o una situación susceptibles de ser aprovechados más tarde. La época que abarca este volumen (1935-1942) es aquella que Balzac consideraba capital en la vida de un escritor: de los 22 a los 30 años. Y, en efecto, en este período Camus tuvo experiencias decisivas: contrajo su primer matrimonio, se afilió al partido comunista, obtuvo su diploma de estudios superiores con una tesis sobre "Neo-platonismo y pensamiento cristiano", viajó por Europa, trabajó como actor y director teatral, se divorció, rompió definitivamente con el comunismo, volvió a casarse, al estallar la guerra trató de enrolarse en el Ejército para luchar contra el nazismo y fue rechazado por razones médicas, ejerció el periodismo y escribió *El extranjero, El mito de Sísifo, Calígula, Bodas* y *El minotauro o el alto de Orán.*

Los *Carnets* son muy discretos en lo relativo a la vida de Camus y rara vez abandonan el plano de la reflexión o la creación. Cuando Camus se refiere a su vida privada lo hace con extremo pudor: adopta un tono neutro e impersonal y arropa cualquier confesión autobiográfica de consideraciones abstractas. Nada más ausente de este diario que el frenético exhibicionismo tras el cual disimulan su escasa inventiva muchos autores contemporáneos. Ocurre que Camus no necesita emplear ese procedimiento, pues, además de ser un impecable narrador, está dotado de extraordinaria fantasía. *"Tengo necesidad de escribir como tengo necesidad de nadar: porque mi cuerpo lo exige"*, dice uno de los personajes de *La muerte dichosa*, la novela inédita de Camus. Es su propio caso. Los *Carnets* diseñan la silueta de un escritor y no la de un pensador, la de un artista y no la de un filósofo. Algunos dirán: "¡Qué tontería! Justamente, en Camus coincidían el creador de ficciones y el riguroso ensayista". Pienso que a esta creencia errónea se debe en gran parte la ruina de Camus.

En efecto, después de leer los *Carnets* no cabe duda alguna: la gloria, la popularidad de Camus reposaban sobre un malentendido. Los lectores admiraban en él a un filósofo que, en vez de escribir secos tratados universitarios, divulgaba su pensamiento utilizando géneros accesibles: la novela, el teatro, el periodismo. Lo notable es que el propio Camus se precipitó en la trampa en que habían caído sus admiradores y en los últimos años de su vida se reconoció en esa falsa imagen que el público le había levantado. Basta leer el *Discurso de Suecia*, las *Cartas a un amigo alemán* e incluso *El hombre rebelde* para comprobar que su pensamiento es vago y superficial: los lugares comunes abundan tanto como las fórmulas vacías, los problemas que expone son siempre los mismos callejones sin salida por donde transita incansablemente como un recluso en su minúscula celda. Serían libros desdeñables si no fuera por su prosa seductora, hecha de frases breves y concisas y de furtivas imágenes.

En realidad, Camus sólo es profundo y original cuando escribe sobre esa realidad temporal y concreta que es la patria de la literatura. Sus personajes tienen vida, sus novelas y sus dramas son originales porque en ellos esa nebulosa que es nuestra época toma contornos precisos y nos ayudan a conocer mejor al hombre contemporáneo, prisionero del absurdo y la angustia. Los *Carnets* están repletos de episodios diminutos, recogidos por Camus en la calle y que delatan al sobresaliente narrador. *"En el cinema, la pequeña oranesa llora a lágrima viva ante las desdichas del héroe. Su marido le ruega que se calle. Pero, vamos, dice ella sollozando, al menos déjame que disfrute".* Habría que citar también todos los fragmentos de *La muerte dichosa* que aparecen en los *Carnets*: diálogos limpios, descripciones sin escorias ni tiempos muertos, situaciones tensas.

Pero donde el espíritu artístico de Camus se manifiesta de manera avasalladora es en las notas impresionistas. Cada vez que habla de las calles de una ciudad, de un árbol, del cielo, de las playas, aparece el gran estilista: la prosa cobra colorido, fervor y una majestuosa desenvoltura. Tímido y balbuceante cuando teoriza, frío y lúcido cuando crea seres de carne y hueso, Camus se convierte en un escritor tierno e infinitamente sensible al evocar la naturaleza o el paisaje urbano. *"Esa mañana llena de sol: las calles calurosas repletas de mujeres. Hay flores a la venta en todas las esquinas. Y esos rostros de muchachas que sonríen"*. Lo que más lo conmueve es el paisaje de Argelia, que asoma a cada momento en este libro, con los violentos colores de los cuadros románticos que inspiró esa tierra a Delacroix, algo mitigados sin embargo por una subterránea dulzura. Hay una comunicación tan intensa entre la sensibilidad del autor y el medio natural que lo inspira, que la poesía brota con frecuencia: *"Mientras que, por lo común, los cipreses son manchas sombrías en los cielos de Provenza y de Italia, aquí, en el cementerio de El Kettar, este ciprés hierve de luz, arde con los oros del sol. Parece que, venido de su negro corazón, un zumo dorado corriera hasta el extremo de sus cortas ramas y discurriese en largas avenidas feraces sobre el follaje verde"*.

Pero es preciso ir más lejos aún. En Camus no sólo predomina el artista, sino que su temperamento y sus preocupaciones lo inclinan hacia la expresión formal y deshumanizada del espíritu artístico: el esteticismo. *"Cielo de tormenta en agosto. Soplos ardientes. Nubes negras. Al este, sin embargo, una faja azul, delicada, transparente. Imposible mirarla. Su presencia hiere los ojos y el alma. Ocurre que la belleza es insoportable. Nos desespera. Eternidad de un minuto que quisiéramos se prolongara a lo largo del tiempo"*. Los *Carnets* confirman aquello que se desprendía fácilmente de otros libros suyos: Camus busca su inspiración en el mundo exterior y no en su propia conciencia, como los narradores fantásticos; es un observador nato y cuando sale a la calle espía su alrededor con los ojos interesados de los escritores realistas. Sólo que para él los amenos cementerios musulmanes, los destellos del sol y el fulgor de los geranios constituyen elementos más llamativos de la realidad que los hechos sociales o históricos. El paisaje que él ama se compone de cielo, agua, aire, flores, árboles, casas, hombres, en este orden de importancia. Jamás comprenderé que se haya atribuído el papel de un director de conciencia para cuestiones políticas a este delicado poeta puro capaz de considerar a los miserables habitantes de los pueblos kabilas como simples ingredientes del paisaje y ni siquiera los más interesantes: *"Pueblos aglomerados alrededor de puntos naturales y que viven, cada uno, vida propia. Hombres vestidos de telas blancas y largas, cuyos gestos precisos y simples destacan bajo el cielo siempre azul. Caminitos escoltados por cactus, olivos, algarrobos, chopos. Pasan hombres con asnos cargados de olivos. Los rostros son bruñidos y los ojos claros. Y del hombre al árbol, del gesto a la montaña, nace una especie de consentimiento que es, a la vez, patético y alegre".* Inútil reprochar a Camus la inhumanidad de esta bella prosa helada. ¿Alguien condenaría a los poetas místicos por hablar del alma arrobada en vez de denunciar las iniquidades medioevales? Camus no tuvo la culpa que se viera en él a otro y lo único deplorable es que, contaminado por ese asombroso equívoco colectivo que hizo de él un ideólogo, traicionara su sensibilidad ascendiendo a alturas especiosas para discurrir rígida y artificialmente sobre problemas teóricos.

En realidad, era un artista fino y en algunas de sus obras registró intuitivamente el drama contemporáneo en sus aspectos más oscuros y huidizos. *El extranjero* es una de las mejores novelas modernas. Como buen escritor, Camus percibía la realidad fragmentada: su visión de los detalles, de una situación, de un individuo, es por lo general certera. *"Un hombre inteligente en cierto plano puede ser un imbécil en otros"*, apunta en sus *Carnets*. El era admirable cuando se dejaba guiar por la intuición y la imaginación y un mediocre escritor cuando se abandonaba a la reflexión pura.

"Se puede desesperar por el sentido de la vida 'en general' pero no de sus formas particulares; de la existencia, puesto que no tenemos poder sobre ella, pero no de la historia donde el individuo lo puede todo". La indiscutible verdad de esta nota de los *Carnets* nos permite distinguir lo que hay de valioso y de inútil en la obra de Camus. Todos sus escritos literarios —novelas, cuentos, dramas, prosas poéticas— expresan formas particulares de la vida, es decir, están sólidamente instalados en la historia. Y gracias a su talento constituyen admirables creaciones del espíritu. En cambio, cuando Camus medita sobre "la existencia" y "la vida en general" se limita a exponer, con fórmulas apenas distintas, viejas concepciones de un pesimismo paralizante. Que no nos hablen de la "filosofía del justo" porque ya sabemos que tras esta hueca frase se esconde una actitud contemplativa e inmovilista, vieja como la filosofía, y cuya vacuidad salta a la vista apenas se la quiere aplicar a una situación concreta. El trági-

co dilema de Camus frente a la guerra de Argelia es la mejor prueba del carácter puramente retórico de una doctrina que pretende liberar al hombre del compromiso de elegir a cada instante entre las alternativas dramáticas que la historia le plantea.

El prestigio de Camus se desvaneció cuando sus lectores descubrieron que el supuesto pensador, que el aparente moralista no tenía nada que ofrecerles para hacer frente a las contradicciones de una época crítica, y que en el fondo estaba tan desconcertado como ellos. Pero algún día resucitará el verdadero Camus, el prosista cuidadoso y cohibido ante el mundo desamparado que le tocó vivir. Entonces se le leerá como se le debió leer siempre: como se lee a Flaubert o a Gide y no a Diderot o a Sartre.

París, junio, 1962

LOS OTROS CONTRA SARTRE

Cuando salí de París oscurecía temprano, los árboles seguían carbonizados por el invierno, el sol llegaba tarde a la ciudad, y una polémica literaria ocupaba las primeras planas de los diarios. Vuelvo, y ha entrado el verano; los castaños de las aceras hierven de verdura, los cafés han quitado los toldos de las terrazas, una muchedumbre de turistas colorea el Barrio Latino, y otra polémica literaria invade la prensa. Es una de las buenas cosas de esta ciudad: por una razón o por otra la literatura siempre está a la orden del día.

La polémica anterior enfrentaba a dos hombres: el académico François Mauriac y el novelista escandaloso Roger Peyrefitte. El motivo de la polémica era un asunto de simpatías y diferencias. Mauriac había pronunciado unas palabras irritadas contra la adaptación cinematográfica del primer libro de Peyrefitte, *Las amistades particulares*, y aprovechó la ocasión para calificar la novela de soez y fraudulenta. Peyrefitte replicó malhumorado, se mezclaron académicos, profesores cargados de años y de retórica, periodistas chismosos, y la polémica concluyó, como suelen terminar las polémicas, en la confusión y el ataque personal. La única derrotada fue la Sociedad de Escritores que, por haber tomado partido a favor del autor de *Los francmasones*, perdió una docena de afiliados.

El debate de ahora opone a un hombre y a una generación, a dos concepciones de la literatura. Es un debate sobre un problema viejo pero siempre actual, porque incide en la razón de ser de la creación y en las relaciones, tan ambiguas, tan difíciles de precisar, de la literatura y la historia. La chispa que encendió la polémica fueron unas declaraciones de Sartre a una periodista. *"¿Qué significa la literatura en un mundo que tiene hambre?*, dijo Sartre. *Como la moral, la literatura necesita ser universal. Así, pues, si quiere escribir para todos y ser leído por todos, el escritor debe alinearse junto al mayor número, estar del lado de los dos mil millones de hambrientos. Si no lo hace, será un servidor de la clase privilegiada, y, como ella, un explotador".* ¿Y cómo puede un escritor mostrarse solidario de la mayoría? Escribiendo sobre los problemas que la afectan, responde Sartre, combatiendo a sus enemigos, es decir *"el hambre del mundo, la amenaza atómica, la alienación del hombre".* Se refería a la misión del escritor occidental, al que ha nacido y escribe en un país privilegiado. Luego, evocó la situación del escritor en los países subdesarrollados de esta sombría manera: *"¿Cómo, en un país que carece de cuadros técnicos, por ejemplo en Africa, un indígena educado en Europa, podría rechazar ser profesor, aun cuando esto exija el sacrificio de su vocación de escritor? Si prefiere escribir novelas en Europa, su actitud tendría algo de traición".* En última instancia, el escritor de un país subdesarrollado debería *"renunciar momentáneamente a la literatura"* para servir mejor a su sociedad.

Resulta difícil leer sin alarma estas afirmaciones

de Sartre, un escritor que merece una admiración sin reservas, por lo que hay en ellas de desilusión y amargura. Un abismo separa las páginas deslumbrantes de *Situations, II*, escritas hace veinte años para afirmar soberbiamente que la literatura puede y debe servir a la sociedad, y estas declaraciones insinuando que la mejor manera de ayudar a sus semejantes para un escritor es, en ciertos casos, renunciando a escribir. Es verdad que la obra literaria de Sartre, pese a su importancia y a la audiencia que ha alcanzado, influyó apenas en la evolución política y social de Francia, y que, en todo caso, no impidió ni las guerras coloniales, ni la aparición de la OAS, ni el derrumbe de la izquierda ante el gaullismo. ¿Basta esta comprobación, acaso, para concluir que se trata de una obra inútil, sin dimensión histórica? ¿Y todos los jóvenes de Francia y del extranjero que, gracias a la lectura de Sartre, adquirieron el sentido de la responsabilidad y de la libertad? ¿Y, por ejemplo, el magnífico Frantz Fanon, gran ideólogo del Tercer Mundo, que se proclamó siempre discípulo de Sartre? La literatura cambia la vida, pero de una manera gradual, no inmediata, y nunca directamente, sino a través de ciertas conciencias individuales que ayuda a formar. Cuando Sartre afirma: *"He visto morir de hambre a unos niños. Frente a un niño que se muere, 'La Náusea' es algo sin valor"*, dice algo que habla muy alto de su noción de responsabilidad histórica, pero desde luego que no tiene razón y que en ningún caso se puede plantear el problema en esa forma.

Las declaraciones de Sartre han levantado una tormenta de objeciones que van desde la diatriba hasta la réplica cortés, pasando por todos los matices intermedios. Entre las primeras, figura la de Jacques Houbart, que, en un panfleto titulado *Un padre desnaturalizado*, trata de demostrar, con dogmatismo y sin ingenio, que Sartre "ha traicionado a la juventud", y que toda su filosofía "es una metafísica de la angustia, de entraña religiosa, que ha sembrado la confusión entre los intelectuales revolucionarios".

Entre las réplicas corteses se halla la de Claude Simon, novelista habitualmente incluído en el grupo de la "escuela objetiva", pero que tiene poco en común con Alain Robbe-Grillet, de quien lo diferencian un estilo visionario, y (en sus últimas novelas, *La route de Flandre* y *Le palace*) una curiosa manera de descomponer el tiempo narrativo. *"¿Desde cuándo se pesan en la misma balanza los cadáveres y la literatura?"*, se pregunta Simon, que niega la tesis de que un escritor auténtico escriba para una clase social determinada. *"Hay algo tremendamente despectivo hacia lo que se llama el pueblo en esa perpetua discriminación entre las aptitudes intelectuales de las clases privilegiadas y las de las otras clases, pues, de este modo, estas últimas quedan enclaustradas en un verdadero ghetto cultural. Con semejante actitud, algunos progresistas resultan comulgando con las opiniones de la radio y la prensa amarillas, las que, con el pretexto de llegar a las masas, apuntan lo más bajo posible"*. Y en cuanto a la momentánea renuncia sugerida por Sartre a los escritores del Tercer Mundo, Simon responde: *"si un novelista negro renuncia a escribir los libros que lleva dentro para enseñar el alfabeto a los escolares de Guinea, ¿qué leerán éstos*

*más tarde si el único que podía escribirlos en su lengua
no lo hizo? ¿Traducciones de Sartre?".* Yo, indígena
de país subdesarrollado que intenta escribir novelas
en París, ¿cómo no respaldaría, en esta consideración
precisa, a Claude Simon? Pero no, claro está, cuando
niega las raíces sociales de la creación literaria y afirma que el único compromiso lícito del escritor es con
la materia que trabaja: el lenguaje.

Esta polémica ha servido para que varios escritores jóvenes hagan una profesión de fe artepurista.
Robbe-Grillet llama *"ambiciosos absurdos"* a los
escritores que se empeñan, en sus libros, en *"hacer
comprensible el mundo"*, y afirma que la patria ex-
clusiva del creador es *"el dominio de las formas".* Ives
Berger, más pesimista todavía, proclama que la literatura no sirve para nada desde el punto de vista
social: *"yo niego sencillamente que una literatura,
cualquiera que sea, pueda librar del hambre a los niños
y sacar a Guinea del subdesarrollo. Por eso, conti-
nuemos escribiendo nuestra literatura de egoístas y
de privilegiados, o, si no, que venga alguien a expli-
carme cuáles son las palabras que darían de comer a
los niños, cuántas haría falta, y en qué orden habría
que colocarlas".*

La generación del cuarenta se dividió y enemistó
por razones políticas, pero sus mejores representantes —Camus, Sartre, Merleau Ponty, Simone de
Beauvoir— concibieron la literatura como una forma
de acción y creyeron que escribiendo influían en la
marcha de la historia. La generación siguiente, en
cambio, se halla dividida por razones estéticas, pero sus miembros admiten como denominador común

la convicción de que literatura y política son actividades antagónicas, o, en el mejor de los casos, totalmente autónomas.

Lo paradójico en esta polémica es que quien parece tomar partido contra la literatura sea un gran escritor, y que, desde un punto de vista literario, la obra de sus adversarios no resista una comparación con la suya. Y más paradójico aún que Sartre haya elegido para hacer público su desencanto sobre la eficacia social y política de los libros el mismo año en que aparecen tres obras suyas: *Les mots*, *Situations IV* y *Situations V*. Y, por si fuera poco, anuncia para dentro de algunos meses, dos ensayos más (uno sobre Flaubert, otro sobre Mallarmé). Tranquilicémonos, pues; aunque niegue utilidad a la literatura, reniegue de ella y la abomine, Sartre, qué duda cabe, seguirá escribiendo.

París, junio, 1964

SARTRE Y EL NOBEL

La Academia sueca concede el Premio Nóbel a Sartre y éste lo rechaza. No se trata de un hecho frecuente, desde luego, pero ¿no es sospechoso que, al amparo de este pretexto, se haya desatado una campaña violenta contra la persona y la obra del autor de *Les mots*? Tres semanarios culturales parisinos dedican la mitad de sus páginas a demostrar que las ideas del ensayista han caducado, que sus ficciones son cadáveres y que su conducta política está viciada por razones morales y psicológicas. Los diarios explican su negativa a aceptar el Nóbel como una actitud dictada por el resentimiento, barrocos complejos o un orgullo luciferino.

La campaña está auspiciada por las firmas más ilustres. En *Les Nouvelles Littéraires*, Gabriel Marcel arroja por la borda la ecuanimidad acumulada en tantos años de reflexión metafísica y de fe cristiana, y exclama: *"¡Lo sucedido en Estocolmo es desastroso!"*. ¿Por qué? Porque Sartre encarna *"la peor deshonestidad intelectual"*, es un *"grosero inveterado"*, *"un blasfemo sistemático que ha difundido las enseñanzas más perniciosas, los consejos más tóxicos que jamás haya prodigado a la juventud un corruptor patentado"*. Marcel se consuela pensando que (gracias a Dios) *"la clientela de Sartre se recluta, sobre todo, entre esos intelectuales en vías de desarrollo de*

Caracas, Río de Janeiro, Conakri y Casablanca".

El psiquiatra Quentin Ritzen —hace algún tiempo "demostró" que Sartre era "un delincuente del espíritu"—, revela que el rechazo del Premio Nóbel se debe a una fijación infantil que hizo del autor de *La Náusea* un perpetuo refractario. Sartre habría *"descubierto su fealdad antes que la fealdad del mundo"* y esto desarrolló en él un odio incurable *"contra la naturaleza, la procreación, la sexualidad, el mundo material y el arte".*

En *Arts* ocho críticos y periodistas autopsian a este *"maldito de mala fe".* Según Mathieu Galey, Sartre rechazó el Nóbel para conservar su máscara de *"mártir"* de la sociedad burguesa. Si se hubiera dejado premiar, explica, *"el tramposo conciente, el bastardo imaginario se habría quitado la máscara, hubiera desaparecido esa imagen que lo ayuda a sobrevivir".* Pierre de Boisdeffre radiografía así la personalidad literaria de Sartre: *"Un coleccionista de sueños eróticos y de viscosas humedades al que la guerra, al sacarlo de su confort de vagabundo intelectual, liberó de ciertos complejos e inoculó otros".* Kostas Axelos, filósofo de la "era planetaria", reprocha a Sartre haber *"propagado la metafísica en los cafés".*

En *Le Figaro Littéraire,* Jean François Revel afirma que, al rechazar el premio, Sartre ha demostrado las dudas profundas que le inspira su propia obra. *"Lenin hubiera podido aceptar el Premio Nóbel sin ser confundido con Bergson".* Si Sartre temía que, una vez cumplido el rito de Estocolmo, la significación de su obra se modificase retroactivamente y su pensamiento perdiera autoridad moral, quiere decir

que confiaba poco en la verdad de su filosofía. François Mauriac reconoce que Sartre rechazó el Nóbel
"sin arrogancia", pero ironiza sobre las explicaciones
que dio a la prensa respecto a su decisión. ¿Así que
en caso de aceptar el dinero del premio, Sartre lo
hubiera donado al Comité de Lucha contra la Segre-
gación Racial? Mauriac recuerda que el Nóbel le
sirvió a él *"para rehacer el cuarto de baño y repa-
rar algunas paredes de mi casa"*. Raymond Aron analiza *La crítica de la razón dialéctica*: niega que sea
una contribución efectiva al pensamiento marxista
y asegura que la tentativa sartreana es vana en sí
misma. *"Una de dos: o se quiere renovar el marxismo-
leninismo de Moscú y Pekín, y en ese caso se pierde el
tiempo, ya que las verdades de Estado y las ideologías
oficiales obedecen a sus propias leyes, que no son las
de la investigación libre, es decir las del propio Sartre.
O se quiere renovar el pensamiento marxista de Occidente; pero en ese caso habría que seguir el ejemplo
de Marx, es decir analizar las sociedades capitalistas y
socialistas del siglo veinte como él analizó las sociedades capitalistas del XIX. No se renueva el marxismo
retrocediendo de 'El Capital' al 'Manuscrito econó-
mico-filosófico' o intentando una imposible concilia-
ción entre Kierkegaard y Marx"*.

Con la excepción de Aron, que funda su oposición
a Sartre en argumentos de orden intelectual, todos
los otros articulistas (los mencionados son apenas
una muestra), parecen enemigos personales de Sartre
y no adversarios ideológicos. Sus críticas son, casi
siempre, invectivas. Como la mayoría de ellas proce-
den de publicaciones de derecha, podría creerse que el

motivo es la posición política de Sartre, su afirmación reciente de que *"el marxismo es la insuperable filosofía de nuestro tiempo"*. Pero, si así fuera, todos los escritores franceses comunistas o pro-comunistas de algún relieve serían víctimas de una hostilidad semejante. ¿Y acaso alguien insulta a Aragon, cuya obra es unánimemente celebrada a derecha y a izquierda? Pero Aragon es un hombre de Partido y Sartre no. Tal vez allí esté la clave de todo. La irritación que suele provocar Sartre a los críticos se debe en parte, sin duda, a la imposibilidad en que se hallan de integrarlo a una institución ideológica establecida, de asimilarlo a cualquier tipo de iglesia. Todo aquello que tiene una etiqueta, por más dañino que se le crea, ofrece una cierta garantía: sus reacciones son previsibles, pueden ser neutralizadas de antemano con el antídoto adecuado. Lo inquietante es aquello que escapa a la clasificación cómoda, que no se deja definir fácilmente. La derecha no se atreve a desautorizar a Sartre llamándolo "agente moscovita" porque aunque él se declara solidario de los comunistas, no vacila en censurarlos duramente cuando lo estima necesario. Su actitud cuando los sucesos de Budapest fue muy clara. Y, en *La crítica de la razón dialéctica*, al mismo tiempo que proclama al marxismo *"la filosofía de nuestro tiempo"*, señala que, desde la muerte de Lenin, el marxismo se ha esterilizado, *"convirtiéndose en un idealismo voluntarista, en la aplicación mecánica de ciertos esquemas a la realidad"*. Estas reservas indignan a los críticos oficiales del partido, pero ellos tampoco pueden desautorizarlo aplicándole el uniforme de "agente imperialista", porque

¿acaso no se trata de la misma persona que, durante la guerra de Argelia defendía el "derecho de insumisión" y hacía saber que estaba dispuesto a llevar "maletas con armas" para el FLN? Sartre no facilita la tarea de los críticos, los obliga a correr, a ir y venir, a probar cada vez nuevas esposas para sujetarlo. Lo que no le perdonan es su condición de francotirador, su independencia de criterio, su disponibilidad alerta, su imprevisibilidad, su inconformismo militante. Ni la derecha ni la izquierda han conseguido "oficializarlo": por eso lo atacan con tanta virulencia.

Pero, además de su vitalidad, es probable que a muchos les moleste la audiencia que tiene. Gabriel Marcel se equivoca cuando dice que su "clientela" son sólo los "intelectuales en vías de desarrollo". Hace cuatro años vi desfilar por los Campos Elíseos a varios centenares de activistas franceses pidiendo el fusilamiento de Sartre, y, durante la guerra de Argelia, la OAS hizo volar su departamento en dos ocasiones. Nadie se toma tanto trabajo por un enemigo insignificante. Y, a la inversa, su conferencia sobre Cuba, hace algunos meses, congregó tal número de estudiantes que la policía acudió precipitada a la plaza de Saint Germain creyendo que se trataba de un mitin. Pero tal vez sea cierto que en los países del Tercer Mundo la obra de Sartre tiene mayor repercusión que en Francia. Esta semana, por ejemplo, la Federación de Estudiantes Venezolanos lo ha llamado a Caracas, al mismo tiempo que los universitarios argelinos lo invitan a Argel. El interés creciente de esos "subdesarrollados" es un testimonio de la universalidad y vigencia de una obra y no, como parece pensar el filósofo cristiano, un síntoma de encanallamiento.

París, octubre, 1964

Un relato de Simone de Beauvoir
UNA MUERTE MUY DULCE

Una anciana de 77 años que está sola en su casa, resbala una mañana en el cuarto de baño. Durante dos horas, se arrastra lastimosamente hasta alcanzar el teléfono. Los familiares llegan al fin, la trasladan a una clínica, el primer diagnóstico de los médicos es tranquilizador: nada grave, una ligera lesión en el cuello del fémur, después de unas semanas la anciana estará bien.

Pero pasan los días y, en vez de convalecer, empeora, se demacra, un color acerado gana su piel y su rostro, que era lozano y risueño, está afeado ahora de rictus y de ojeras violetas. Temiendo un trastorno intestinal, los médicos llevan a la anciana a la sala de operaciones y le abren el estómago: encuentran dos litros de pus. La pobre mujer morirá unas semanas después, al cabo de padecimientos indecibles. Se llamaba Françoise de Beauvoir y es su hija, Simone, quien refiere escrupulosa y atrozmente la agonía y la muerte de esta anciana, en un relato que lleva un título irónico: *Une mort si douce*.

En un artículo publicado hace algunos años en *Les Temps Modernes*, Simone de Beauvoir discutía la creencia, más o menos frecuente, según la cual la filosofía y la literatura son actividades incompatibles, si no antagónicas. Ella se negaba a elegir, afirmaba que ambos géneros podían ser complementarios. La verdad es que esta alianza no es muy común, y que, en lo que se refiere a la literatura al menos, los resultados suelen ser infelices (¿quién se acuerda de los dramas de Gabriel Marcel?), pero es un hecho que en el caso de la propia Simone de Beauvoir, ambas vocaciones han coincidido sin aspereza y han sido mutuamente beneficiosas. El creador de ficciones está presente en sus ensayos, e imprime a libros como *Pyrrhus et Cinéas*, *Pour une morale de ambiguité* y *Le deuxième Sexe* vivacidad, soltura de la prosa y una organización de los temas muy astuta. Y el pensador ha volcado toda su lucidez y su rigor en *Les mandarins*, el más alto ejemplo de lo que se ha llamado la novela existencialista. Hasta la aparición de este último libro (1954), el más hermoso de los suyos, Simone de Beauvoir iba y venía entre los géneros, a un ensayo sucedía una novela, a ésta una obra de teatro y a ésta un libro de viajes. Naturalmente, la significación y la belleza de cada una de estas aventuras no eran siempre iguales, y a veces (en su drama *Les bouches inutiles*, por ejemplo) tuvo fracasos. Pero en todos sus libros, se reconocían siempre una franqueza excepcional, un inconformismo sistemático y la ambición de encarar sin contemplaciones, hasta sus límites extremos, los problemas más candentes del hombre contemporáneo. Si a estas virtudes se añaden una notable inteligencia y una vasta cultura, se comprende la influencia que ejerce la obra de Simone de Beauvoir en Francia. Después de *Les mandarins* esta obra es exclusivamente testimonial; el recuerdo, la confidencia y el discurso directo han reemplazado a las ficciones y a los ensayos, en los tres gruesos volúmenes donde

Simone de Beauvoir evoca y analiza su vida. En el primero, *Mémoires d'une jeune fille rangée*, una muchacha nacida en una familia burguesa, en un medio infectado de prejuicios y de dogmas, narra su lenta, tenaz, admirable batalla por emanciparse y escapar al destino que le reserva su clase. El segundo, *La force de l'age*, es la historia de una vocación que se abre abre camino y se consolida, con el sombrío telón de fondo de la guerra y de la ocupación. El tercero, *La force des choses*, es muchas cosas a la vez; la desilusión de aquellos que creían que, al terminar la guerra, surgiría una sociedad nueva en Europa; el testimonio de su amistad singular con Sartre; una autocrítica llevada hasta la injusticia de sus libros y una amarga meditación sobre la vejez y la muerte.

Une mort si douce podría parecer una prolongación de estas memorias, ser un simple apéndice. En realidad, el relato es perfectamente autónomo. Desde sus primeras líneas instala al lector en el corazón de una realidad ardiente, desgarrada, y lo obliga a vivir, a lo largo de un centenar de páginas, en medio de una tensión insoportable, la más universal de las experiencias humanas, la más triste. *"Todos los hombres son mortales*, dice Simone de Beauvoir, *pero para cada hombre su muerte es un accidente y, aún si la conoce y la acepta, una violencia indebida"*. Octogenaria, inmovilizada por el dolor, casi sin fuerzas para hablar, Françoise de Beauvoir se aferra desesperadamente a la vida, lucha contra esa "violencia indebida" que siente inminente, y el relato da cuenta de todos los elementos de este horrible combate inútil, anota el más mínimo detalle, las palabras de la moribunda, su jadeo, las contorsiones de sus miembros, el espanto que anega sus ojos. También, la atmósfera siniestra de la clínica, los silencios enigmáticos de los médicos y de las enfermeras, más inquietantes que una sentencia. Por su deliberada sequedad, la narración tiene por momentos la fisonomía de un documento clínico. Pero la tensión que comunican sus páginas, nace precisamente de la distancia en que se sitúa Simone de Beauvoir para referir hechos que la conciernen íntimamente. La serenidad del testigo es, claro está, sólo exterior: todo el tiempo se siente latir bajo las palabras una emoción contenida, una protesta honda contra el sufrimiento y la condición mortal del hombre. Y hay algo patético en el afán constante que adivinamos en el narrador, de no dejarse vencer por los sentimientos, de exponer como algo estrictamente objetivo, lo que es, en esencia, subjetivo: las relaciones entre madre e hija. Esto no significa que Simone de Beauvoir quiera ocultar su reacción natural, su tortura ante la agonía de su madre; ella trata, y lo consigue, de profundizar, de universalizar esa experiencia personal, para hacerla asequible a todos.

Algunas voces se han levantado escandalizadas por esta actitud: nadie tiene derecho, dicen, a convertir en literatura algo tan íntimo, a arrojar a la curiosidad pública episodios de esta naturaleza. Y, sin duda, hay algo de cierto en esos reproches, pero ellos son válidos, en última instancia, para todos los escritores, sin excepción. Todos, realistas o fantásticos, ensayistas o dramaturgos, poetas o novelistas, construyen sus ficciones con la única materia prima de que disponen: su experiencia. En la mayoría de los casos, ésta se disimula tras complejas construcciones, en algunos se muestra casi desnuda. Simone de Beauvoir se ha limitado a prescindir de los disfraces, por la sencilla razón de que, esta vez, ha preferido el testimonio a la ficción. Quienes la acusan de exhibicionista, no han comprendido que la literatura es, por antonomasia, un oficio impúdico.

París, noviembre, 1964

CAMUS Y LA LITERATURA

"¿Por qué soy un artista y no un filósofo? Porque pienso según las palabras y no según las ideas", escribe Albert Camus un día de 1945 en sus *Carnets*, la segunda parte de los cuales acaba de aparecer en la editorial Gallimard.

Esta confesión es muy cierta y se halla confirmada sinnúmero de veces en las 345 páginas del libro. Ante todo, de una manera negativa, en aforismos, reflexiones y anotaciones que son frases que o no dicen nada o dicen evidencias o trivialidades, pero parecen profundas porque asocian las palabras de una manera singular y bella: *"He elegido la creación para escapar al crimen"; "¡Y soportamos que Molière haya tenido que morir!"; "No estoy hecho para la política porque soy incapaz de querer o de aceptar la muerte del adversario"*, etc. Pero desde luego que este segundo volumen de los *Carnets* contiene algo más que sentencias elaboradas como simples ejercicios de estilo. Las notas van de 1942 a 1951, los años más gloriosos de Camus. En ellos publicó *El extranjero, El mito de Sísifo, La peste, El hombre rebelde*, estrenó *El malentendido, Calígula, Los justos* y *El estado de sitio*, y reunió en libro sus artículos y editoriales de *Combat*. Lo más interesante de estas notas es, sin duda, la voluntad que en ellas muestra el propio Camus de situarse en una perspectiva

literaria, y no filosófica ni moral, para juzgarse a sí
mismo y justificar su obra. Al parecer, Camus alcanzó a revisar los *Carnets* con el propósito de publi-
carlos. El solo hecho de que conservara estas numero-
sas reflexiones elaboradas como adiestramiento retórico, y que a todas luces sólo podían dañar la efigie
de moralista y pensador que era la suya en ese momento para muchos lectores y críticos, demuestra
que en esa época él se resistía aún a reconocerse en
ella, y prefería en todo caso el creador de belleza que
había en él, al ideólogo. Es cierto que estos dos conceptos no son necesariamente antinómicos, pero en
su caso sí, y él lo recalca muchas veces en sus *Carnets*.
Al pie de una cita de Jules Monnerot, según el cual la
"fecundidad de un productor de ideas se demuestra
por la multiplicidad de interpretaciones posibles",
Camus anota: *"No, de ninguna manera. Esto es válido para un artista y absolutamente falso para un
pensador".*

La razón y la belleza

La verdad de un pensador es anterior a la escritura,
un artista encuentra su verdad *mediante* la escritura.
Para aquél el acto de escribir es una culminación, la
operación a través de la cual va a expresar lo que
previamente ha descubierto su razón sobre la naturaleza y los hombres. Para el artista el acto de escribir es el principio y sólo al traducirlo en palabras
sabrá con certeza lo que tenía que decir. En el primero
hay un elemento racional que domina a todos los
otros, en el segundo prevalecerá siempre un elemento

espontáneo, inconsciente, incontrolable, que es la intuición de la belleza. Esta importa a Camus por encima de todo y la escribe con mayúscula: *"La Belleza, que ayuda a vivir, también ayuda a morir"; "No puedo vivir fuera de la Belleza: esto es lo que me hace ser débil ante ciertas personas"*. Pocos autores han establecido una oposición tan categórica entre razón y belleza como Camus. En marzo de 1950 habla de los "conversos filantrópicos" que niegan todo aquello que escapa a la razón pues consideran que sólo ésta puede hacerlos dueños de "todo, incluso la naturaleza". *"De todo, salvo de la Belleza*, añade Camus. *La belleza es ajena a ese cálculo. Por eso es tan difícil a un artista ser revolucionario aunque sea un rebelde como artista"*.

El apetito de belleza es uno de los síntomas del espíritu artístico; otro es la voluntad de imponer un orden, una estructura coherente a un mundo caótico que de alguna manera lo exaspera. Crear es luchar contra la confusión que el artista no sólo siente como algo exterior a él, sino, sobre todo, como una realidad interior. *"Jamás he visto muy claro, dentro de mí. Siempre he seguido, instintivamente, una estrella invisible... Hay en mí una anarquía, un horrible desorden. Crear me significa morir mil veces, ya que crear es buscar un orden y todo mi ser es hostil al orden. Pero sin él moriría diseminado"*. Es muy significativo que en este segundo volumen de los *Carnets*, aparezcan copiados textos en los que pintores y escritores definen el arte que practican como tentativas de ordenación de la realidad. F. M. Forster, por ejemplo, para quien "el arte es el único producto ordenado que ha engendrado nuestra raza desordenada." Según Forster, sólo la obra de arte tiene una armonía interna y todos los otros objetos materiales del universo adquieren forma por la presión exterior y la pierden una vez que se retira su molde.

La obsesión del estilo

La forma es capital en la obra de arte, de ella depende su existencia, y en esto están de acuerdo autores realistas y fantásticos. Algunos sostienen que ella no es disociable de su materia, pero Camus no era de éstos. *"Dar una forma a lo que no lo tiene es el objetivo de toda mi obra,* afirma. *En ella no sólo hay creación, sino corrección. De ello deriva la importancia de la forma y la necesidad de un estilo para cada tema".* Y, según él, de la forma depende exclusivamente la unidad de una obra. La obsesión del estilo, que caracteriza también al creador, asume en Camus una dimensión insospechada, y las anotaciones sobre este asunto ocupan, sobre todo, los años 1942 a 1945, en los que se publicaron sus primeros libros. Es muy curioso un texto suyo sobre el estilo propio de la novela, el que, según Camus, se diferencia de los otros, porque en este género el estilo cumple una especie de servidumbre, debe "someterse integralmente a la materia", lo que no ocurre en la poesía.

Pero, más que las reflexiones y confesiones sobre la literatura, lo que denuncia una vocación artística preponderante en los *Carnets* son las páginas que constituyen literatura en sí mismas. Al igual que en el primer volumen, en éste abundan las anécdotas recogidas en la calle y susceptibles de convertirse en relatos o novelas. Naturalmente que un pensador puede utilizar un procedimiento semejante: partir de hechos o diálogos registrados en su contorno para elaborar teorías. Pero los materiales anotados por Camus valen, no por su significación social, histórica, metafísica o moral, sino (y en todos los casos) por su excepcionalidad pintoresca: *"Un campesino, en medio de una prédica que arrancó lágrimas a todos los fieles, permaneció indiferente. Y, a las gentes que le reprochaban su frialdad, les explicó que no era de la parroquia"*.

El cáncer moderno

Ese género de apropiación anecdótica de la realidad es privativa del creador de ficciones. Pero, mucho más abundantes, son todavía los textos descriptivos. Esta vez ya no se trata de imágenes argelinas. Camus había venido a Francia, colaboraba con la Resistencia (y en cargos de responsabilidad) y resulta muy sorprendente al principio ver que en los *Carnets* casi no hay alusiones al momento político. En cambio, hay pequeños bocetos de estaciones, de árboles, de ciudades, de puestas de sol, entrelazados a las notas de lecturas y a las citas. En 1947, Camus escribe: *"He releído todos estos cuadernos, desde el primero. Lo que más me impresionó: los paisajes van desapareciendo poco a poco. El cáncer moderno me roe a mí también"*. Esta observación esconde un drama que iba a precipitarse en los años siguientes. Fue una lástima, no sólo porque la distorsión de su vocación redujo a

Camus a un desgarramiento trágico (las últimas páginas de los *Carnets* son testimonio de ello) y casi al silencio, sino porque privó a la literatura francesa de un gran escritor "impresionista". Una sola prueba: *"Panelier. Antes de que apunte el Sol, sobre las altas colinas, los abetos no se distinguen de las ondulaciones que los sostienen. Luego, desde lejos y por detrás, el Sol dora la cumbre de los árboles. Así, sobre el fondo descolorido del cielo, se diría un ejército de salvajes emplumados que surgiera de detrás de la colina. A medida que el Sol sube y el cielo se aclara, los abetos crecen y el ejército bárbaro parece progresar y aglomerarse en un tumulto de plumas antes de la invasión. Luego, cuando el Sol está muy alto, ilumina de repente los abetos que cubren los flancos de la colina. Y hay entonces una aparente carrera salvaje hacia el valle, el principio de una lucha breve y trágica en la que los bárbaros del día desalojarán al frágil ejército de pensamientos de la noche".*

París, 31 de enero de 1965

SARTRE Y EL MARXISMO.
SITUATIONS DIEZ AÑOS DESPUES

El último volumen de *Situations* de Sartre, reúne cinco ensayos escritos entre 1950 y 1954 que se refieren a problemas políticos; tres de ellos abordan, específicamente, aspectos teóricos y prácticos del marxismo. Todos habían sido publicados ya, como prólogos o artículos, y es evidente que algunos, inspirados en acontecimientos de actualidad, resultan ahora, confrontados con un momento histórico distinto, más vulnerables a la crítica o de un interés menor.

Nada es más precario que la actualidad política y partir de ella para elaborar interpretaciones de carácter general, implica siempre un riesgo. Pero eso mismo añade un mérito a la publicación de estos escritos. Se necesitaba cierto coraje para resucitarlos diez años después, a sabiendas de que los adversarios se frotarían las manos y, cantando victoria, mostrarían las contradicciones que encierran, las equivocaciones, los desmentidos que a veces les dio el tiempo. Un pensador honesto no disimula sus errores y si está intelectualmente vivo, tampoco se demora en justificarlos. Se limita a tenerlos en cuenta y sigue adelante. Esta ha sido siempre la conducta de Sartre frente a su obra.

Por lo demás, sería un infundio decir que todo, o gran parte, del contenido de estos ensayos ha envejecido. Ello es cierto, sin duda, en el caso de *¿Sabios falsos o liebres falsas?*, análisis del comunismo yugoslavo. La escisión de Tito, según Sartre, iba a provocar entre los militantes obreros de los países occidentales una toma de conciencia de su "singularidad": *"La existencia de una Yugoslavia socialista e independiente del Kremlin obrará en el interior de las conciencias de nuestros militantes comunistas haciéndoles descubrir su subjetividad"*. Y esto los llevaría a repensar el marxismo, a dinamizarlo, a liberarlo de la parálisis mecanicista en que había caído por culpa del dogmatismo de la era de Stalin. Evidentemente, las cosas no ocurrieron así, y el deshielo ideológico del mundo socialista y de los partidos comunistas occidentales en los últimos años, obedece a factores que tienen poco que ver con la experiencia yugoslava. Asimismo, muchas afirmaciones de *Los comunistas y la paz* (un artículo de más de 300 páginas) parecen refutadas por los hechos. El colapso económico que Sartre profetizaba para Francia en 1952 no tuvo lugar y, contrariamente a lo previsto por él, las viejas estructuras de su industria se han modernizado, según intereses estrictamente capitalistas, sin grandes convulsiones sociales. En vez de entregarse atada de pies y manos a Estados Unidos para medrar a su sombra, la burguesía francesa ha logrado prosperar conservando una cierta independencia económica respecto del gigante norteamericano y una total autonomía política. De hecho, las posiciones de París y de Washington son divergentes sobre muchos problemas internacionales.

Pero, una vez consignados estos puntos débiles,

todavía queda mucho por decir sobre este libro de ensayos donde a menudo encontramos al mejor Sartre: el polemista que, armado de una lucidez implacable y de una prosa mordaz, embiste contra las imposturas y supercherías sociales, las arrolla y va luego a desmontar, en el recinto mismo donde nacieron, (la conciencia y el estómago de las buenas personas) las laboriosas teorías que justifican la injusticia. La explicación de las falacias de la democracia liberal *("donde todo el mundo tiene los mismos derechos, pero no el mismo derecho de disfrutar de ellos")*, de la mentira sutil que es la libertad en una sociedad donde la desigual distribución de la riqueza hace de los individuos privilegiados o desamparados desde que nacen, es convincente y, por desgracia, actual. También, el análisis de esa invisible alquimia mediante la cual el ejercicio del derecho de voto —aún en elecciones puras, con participación de todos los partidos y una previa campaña electoral irreprochable—, se convierte en una ceremonia vacía, en pura forma, si las bases sobre las que reposa la vida de una nación están viciadas. Asimismo, es extraordinariamente certero el análisis de Sartre del fenómeno de la violencia política, o mejor dicho de las formas en que ella se manifiesta, y de la ceguera con que suele juzgársela.

La sociedad reconoce esta violencia cuando ella se traduce en refriegas callejeras, huelgas, atentados y, razonablemente, la condena. ¿Pero nacen estos hechos por generación espontánea? ¿Son los obreros, turbulentos por vocación? Sartre describe con lujo de detalles esa otra violencia, solapada y constante, que no muestra la cara y sin embargo también mata y destruye, y que tiene, como una hidra, mil cabezas: analfabetismo, desocupación, desnutrición, miseria. Aquellos estallidos son, en realidad, respuestas dictadas por la cólera o la extrema penuria a un sector de la sociedad contra el que otro sector ejerce, permanentemente, una violencia, más discreta, sí, pero mucho más cruel.

En la primera parte de *Los comunistas y la paz*, Sartre esboza algunos temas que desarrollaría más tarde, extensamente, en la *Crítica de la razón dialéctica*. Entre ellos, por ejemplo, la diferenciación histórica y social de los conceptos de clase y de masa. La primera, dice, es esencialmente dinámica y se constituye mediante vínculos activos y concretos, en tanto que la segunda es estática, se establece por similitudes abstractas y se emparenta con la especie *"esa soledad sin esperanza y siempre repetida"*. Una clase no *es*, se organiza mediante una praxis que une a los individuos y los moviliza para alcanzar ciertos objetivos. Si ese sistema en movimiento se detiene, los individuos vuelven a su inercia y a su soledad, en el interior de ese mar de aguas quietas, la masa.

Sartre reprocha a algunos sociólogos, entre ellos Gurvich, hablar del proletariado como de una especie zoológica, y considerar a sus miembros "productos inertes de factores objetivos". La burguesía, dice, tiende constantemente a convertir al proletariado en masa, reunión de *"torbellinos moleculares, en una multiplicidad de reacciones infinitesimales que se refuerzan o se anulan y cuya resultante es una fuerza más física que humana"*. Inversamente, es contra esta tendencia que la clase se hace y se rehace sin tregua: *"ella es unidad real de muchedumbres y de masas históricas y se manifiesta por una operación fechada y que expresa una intención".*

París, marzo, 1965

LOS SECUESTRADOS DE SARTRE

El teatro Athénée acaba de reponer bajo la dirección de François Périer, *Los secuestrados de Altona*, de Jean-Paul Sartre, cinco años después del estreno de la pieza. Ha corrido mucha agua bajo los puentes de París desde aquella fecha y, para comprobarlo, basta comparar el tono mesurado, imparcial, de las críticas que aparecen en estos días en los diarios, y la de los artículos que se escribieron entonces. También las reacciones del público son distintas. En 1960, la representación era a menudo interrumpida por exaltados que gritaban *¡Argelia Francesa!* o *¡Fusilen a Sartre!*; y ahora, en cambio, la elegante clientela del Athénée, teatro burgués, sólo rompe el silencio para aplaudir a Serge Reggiani, que también esta vez encarna (admirablemente) al secuestrado Frantz Gerlach.

El estreno de esta tragedia moderna, cuyo asunto central es la tortura, se hizo en un momento crítico de la guerra de Argelia. No hacía mucho que el periodista Henry Alleg había publicado *La Question* y en París se discutía ásperamente sobre el terrorismo, las redes de ayuda al FLN, los métodos expeditivos que aplicaban en Argel los paracaidistas del coronel Massu. Dentro de este contexto, la obra de Sartre fue como un chorro de kerosene vertido sobre fuego. Las tomas de posición respecto a la obra tuvieron, todas, carácter político y no se la aprobó o condenó por sus virtudes y defectos literarios sino por sus implicaciones ideológicas e históricas.

Han pasado cinco años, la paz volvió a Argelia, la pieza ha perdido "actualidad". En un texto escrito con motivo de la reposición de *Los secuestrados de Altona,* Sartre explica cómo surgió este drama que, junto con *Huis Clos,* muchos consideran el mejor de los suyos: *"Escribí la obra durante la guerra de Argelia. En esa época se cometían allá, en nombre nuestro, violencias inexcusables y la opinión francesa, inquieta pero mal informada, casi no reaccionaba. Esto me impulsó a presentar la tortura sin máscaras y públicamente".* Su propósito no fue plantear el problema al nivel de los "simples ejecutantes", sino al de *"los verdaderos responsables, los que dan las órdenes".* Sin embargo, para evitar que se *"desencadenaran las pasiones, lo que hubiera obnubilado el juicio del espectador"* (precaución inútil, por lo demás), y para conservar la *"distancia"* que exige el teatro, Sartre no situó la acción en Argelia, sino en la Alemania de la posguerra.

El héroe, Frantz, es un ex oficial alemán que pretende haber llegado al crimen para salvar a su país de un peligro mortal. Ni su cultura ni su coraje ni su sensibilidad, dice Sartre, excusan el acto de Frantz: lo agravan. Y su secuestro voluntario, su pretendida locura, prueban que *"hace tiempo ha tomado conciencia de su crimen y que se extenúa defendiéndose ante magistrados invisibles para ocultarse la sentencia de muerte que ha dictado ya contra sí mismo".* Ahora que la guerra de Argelia ha terminado, concluye Sartre, la obra le parece tener una nueva significación. Frantz encarnaría la condición humana: *"Ninguno de nosotros ha sido verdugo pero, de un modo o de otro, todos hemos sido cómplices de tal o cual política que hoy desaprobaríamos"*. Nosotros, al igual que Frantz, oscilamos también entre *"un estado de indiferencia mentirosa y una inquietud que se interroga sin tregua: ¿qué somos, qué hemos querido hacer y qué hemos hecho?"*.

Este análisis tiene mucho de cierto. *Los secuestrados de Altona* saca a la luz, a través de la atmósfera de delirio, incesto y masoquismo en que transcurre, problemas más permanentes de los que se creyó inicialmente. Ya hoy resulta difícil imaginar que hace cinco años se viera la obra como una simple alegoría del drama argelino. Pero tampoco basta afirmar, como hace Sartre, que la pieza tiene un contenido filosófico existencial, para explicar su vigencia. Hay que ir más lejos y decir que *Los secuestrados de Altona* es una de las creaciones literarias de Sartre que merece con más justicia el nombre de tal, porque en ella unos personajes y una acción se bastan a sí mismos, al margen de las abstractas nociones de responsabilidad compartida y de culpa que quieren materializar. El carácter avasalladoramente racional de las novelas y el teatro de Sartre, en donde todo da la impresión de haber sido premeditado, no disminuye en nada su mérito intelectual, pero les imprime una fisonomía de ensayos disfrazados, hace de ellos demostraciones, tesis, en los que una inteligencia prosigue, con fulgurante lucidez, el análisis de los problemas más urgentes del hombre contemporáneo.

En *Los secuestrados de Altona*, en cambio, como en *La infancia de un jefe* o en *Huis Clos*, el pensador parece haber sido burlado por ese "doble" que habita en todo creador, y que vuelca en toda novela, cuento o drama auténticos, esos complementos indispensables de las ideas que son las visiones, las obsesiones, las pasiones, es decir, esa gama de materiales "espontáneos", irracionales, que contribuyen más que nada a dar a la ficción una apariencia de vida. Frantz Gerlach es, sin duda, un símbolo de la mala fe, y su padre un arquetipo del gran capitán de industria en el mundo moderno, pero ante todo son hombres de carne y hueso, siluetas definidas y únicas: el primero, un embustero infeliz atormentado por los remordimientos, un esquizoide que espera, se bate vanamente contra los cangrejos y otros fantasmas, y el segundo, un viejo que siente cómo progresa el cáncer por su cuerpo y enloquece cada día más de soledad y de añoranza del hijo. La propia Leni, ese monstruo, concubina de su hermano, carcelera sutil, racionalista implacable, es, con todas sus frustaciones y vicios (gracias a ellos), un personaje terriblemente humano. Sólo Johana, que, paradójicamente, desempeña en el mundo infernal de los Gerlach el papel de persona "normal", encargada de arrancar a Frantz de su locura ficticia y de impedir a Werner, el mediocre brillante, sucumbir al delirio familiar, tiene un aire esquemático e irreal. Su sentido común, su lógica, su cordura, contrastan de tal modo con el ambiente de fantasmagoría y vileza que la rodea, que cuesta aceptarla como lo que, a todas luces, es: embajadora de lo real en el país del espejismo y del horror.

Locura, misterio, irrealidad: ¿alguna vez imaginó Sartre que su obra tendría, como materia, estos elementos tan ajenos a esa máquina de pensar que es él? La tragedia de Frantz Gerlach sumerge al espectador en un universo onírico que tiene que ver más con la poesía que con la razón. Es posible que, tal como lo asegura, Sartre partiera, para la elaboración de esta pieza, de consideraciones intelectuales muy precisas. Pero es sabido que, en el transcurso de la creación, las intenciones más claras, las ideas más nítidas, suelen desviarse, apagarse y ser sustituidas por otras, bajo el efecto de mecanismos inconscientes implícitos a la construcción de una historia verbal.

Por las *Memorias* de Simone de Beauvoir, sabemos que Sartre, de joven, padeció de visiones parecidas a las de Frantz, que él también se sintió acosado por enormes crustáceos. Y en *Las palabras*, Sartre revela que la relación de un hombre con su hermana es *"el único vínculo de parentesco que me conmueve"*. Desde niño, dice, soñó con *"escribir un cuento sobre dos niños perdidos y discretamente incestuosos"*. Si *Los secuestrados de Altona* hubiera sido sólo la ilustración dramática de las reflexiones que sugería a un gran filósofo un hecho inicuo —la tortura en Argelia—, la pieza hubiera sido efímera. Es una suerte que el pensador sea también un soñador, un egoísta que escribe para matar o resucitar a sus fantasmas personales.

París, 16 de noviembre de 1965

LAS BELLAS IMAGENES DE SIMONE DE BEAUVOIR

La novela existencialista tuvo una vida brillante aunque algo efímera. Nació en 1938, con *La náusea*, de Sartre, y durante unos quince años fue la tendencia dominante en la narrativa francesa. Su fecha de defunción se sitúa aproximadamente en 1954, año de la aparición de la mejor novela de este movimiento, su canto de cisne: *Los mandarines*, de Simone de Beauvoir. Admirablemente se describe en ella el fracaso de una generación de intelectuales lúcidos y honestos, que creyeron en una literatura "comprometida", capaz de desempeñar una función política inmediata y eficaz en su sociedad, y a los que la guerra fría, el maccarthismo, Corea, las guerras coloniales y la impotencia de la izquierda ante las fuerzas conservadoras que se han instalado en el poder en casi toda Europa han desmentido brutalmente. Durante quince años los más dotados, los más serios escritores franceses estrenaron dramas, publicaron novelas, artículos, ensayos, tratando de formar una conciencia progresista, defendiendo los ideales generosos de la Resistencia. Este hermoso esfuerzo serviría de poca cosa y quedará en cierto modo destruido con la aventura imperialista de Suez y el apenas disimulado cuartelazo de mayo que pone fin a la cuarta república. Además de decepcionada, esta generación se ha dividido cuando aparece *Los mandarines*: la ruptura entre

Sartre y Camus, primero, y luego entre Sartre y Merleau-Ponty debilita el formidable equipo inicial de *Les temps modernes*. La novela deja de ser el género preferido por los existencialistas; Sartre interrumpe *Los caminos de la libertad*, cuyo tomo final no aparecerá nunca; la vena narrativa de Camus se adelgaza lastimosamente después de *El extranjero* y *La peste* (sus relatos posteriores, así como su tercera novela, son ejercicios de estilo sin vuelo); incluso Genet, a quien con algún esfuerzo puede incluirse dentro de los novelistas existencialistas, deserta el género después de escribir *Le journal du voleur*. En poco tiempo, un puñado de novelistas apolíticos y formalistas sucede en el primer plano de la actualidad literaria francesa, a la generación de la liberación. Desde hace diez años nadie disputa la vanguardia narrativa en Francia a ese grupo disímil conformado, entre otros, por Robbe-Grillet, Nathalie Sarraute, Butor, Beckett, pese a que los ingeniosos experimentos a que se dedican dan cada vez mayores síntomas de atonía.

Las muertes de Camus y Merleau-Ponty reducen la plana mayor del existencialismo literario francés a dos nombres (Gabriel Marcel, pese a sus tentativas dramáticas, nunca fue, propiamente, un creador): Sartre y Simone de Beauvoir. Sartre escribe algunos dramas, pero su obra principal será en el futuro filosófica y política. Simone de Beauvoir narra sus viajes (a China, a Estados Unidos) en libros que están a medio camino del reportaje y del ensayo; luego, emprende la redacción de sus memorias: tres tomos sólidamente construidos que describen, con inteligencia, valentía y hondura, la emancipación de una muchacha del mundo burgués en el que ha nacido, su empeñosa lucha por vencer los tabúes y prejuicios que una clase mantiene aún sobre "el segundo sexo". *Una muerte muy dulce*, breve relato de la agonía y muerte de la madre de Simone de Beauvoir, es como un apéndice de esas memorias.

Trece años después de *Los mandarines*, Simone de Beauvoir publica ahora una nueva novela (la quinta): *Les belles images*. Se trata de un libro ceñido y excelente que, desde sus primeras páginas, disipa los temores —formulados por muchos antes de la aparición del libro— de que esta novela, luego de ese frenético afán de búsqueda de nuevas formas y audacias estilísticas puesto de moda por los autores del "nouveau roman", empañara el prestigio narrativo que dio a Simone de Beauvoir *Los mandarines* y la mostrara, como novelista, anticuada y pobre. Nada de eso: *Les belles images*, aunque fiel en su contenido a los postulados existencialistas del "compromiso", es un libro que no debe nada a la técnica tradicional y que, más bien, está muy cerca, en su escritura y estructura, de la novela experimental. Este es tal vez su mayor mérito: aprovechar, para dar mayor relieve y realidad a una materia narrativa de gran significación, ciertas formas y métodos de expresión que en el caso de otros autores, resultaban artificiosas y cargantes por la pobreza de los asuntos que trataban.

Les belles images está escrito en el presente del indicativo como una novela de Robbe-Grillet; tiene la austeridad descriptiva —frases muy breves, una mínima alusión basta para presentar un paisaje, un personaje— de un relato de Marguerite Duras, y utiliza un diálogo de "doble fondo", como suele hacerlo Nathalie Sarraute para mostrar la subjetividad de sus héroes (llamémoslos así). Pero aunque es evidente que Simone de Beauvoir ha leído con detenimiento a estos autores y aprovechado sus técnicas, sería exagerado decir que los imita. Sus propósitos son muy distintos, incluso contradicen los de aquéllos. El objetivo primordial de *Les belles images* es mostrar, a través de una ficción, la alienación de la mujer en una gran sociedad de consumo moderna; describir la despersonalización del ser humano, su sutil transformación en robot, en el seno de una sociedad en la que los que Marx llamó "fetiches" —el dinero, la publicidad, la técnica— han pasado de ser instrumentos al servicio del hombre a instrumentos de esclavización de los hombres. Desde luego que Simone de Beauvoir no es la primera en abordar el tema de la "alienación" o "enajenación" en los países industrializados: la literatura y el cine contemporáneos están contaminados profundamente de este problema (que, por ejemplo, aparece una y otra vez en las películas de Antonioni y de Jean-Luc Godard). La diferencia está, más bien, en que, en tanto que otros autores se complacen en describir los síntomas o manifestaciones de esta alienación, e, incluso, alborozadamente contribuyen con sus propias obras a fomentarla, Simone de Beauvoir toma distancia frente al tema, adopta ante él una postura crítica y trata de combatirlo.

Este peligro, aunque real, es difícilmente detectable, por las formas agradables que adopta. El personaje central de *Les belles images*, Laurence

—mujer joven, casada con un arquitecto, empleada de una agencia de publicidad— lo presiente oscuramente, intuye que está anclado en su vida, pero no logra identificarlo ni sacárselo de encima. Ella siente que algo, no sabe qué, está royendo a cada instante esa existencia suya que, en apariencia, transcurre sin grandes sobresaltos, en una atmósfera holgada, cómoda, hecha de "bellas imágenes" —un departamento elegante, reuniones sociales, viajes—, semejantes a las que debe fabricar a diario a fin de ganar clientes para los productos de las firmas industriales. Su marido la quiere y la respeta; su trabajo le gusta; sus hijas son listas y graciosas; los ingresos familiares le permiten vivir bien: ¿por qué no es feliz, entonces? Para traer un poco de excitación y aventura a esa vida tan apacible, Laurence recurre al adulterio; pero, al poco tiempo, descubre que su relación con Lucien, un compañero de trabajo tan correcto, afectuoso e inteligente como Jean Charles, su marido, no la libera de la mansa monotonía matrimonial, no hace más que prolongar ésta, duplicarla. Frustrada, Laurence rompe con Lucien. Se refugia entonces en su padre, un modesto empleado del Congreso, a quien su madre, Dominique, una mujer ambiciosa y ejecutiva que ha escalado altas posiciones en la televisión, abandonó años atrás por su falta de ambiciones. Laurence ve en su padre, que vive recluido entre libros y discos, un ejemplo, una excepción, algo diferente a su mundo convencional y vacío, y está dispuesta a creer que su padre tiene razón cuando acusa a la "civilización" de haber hecho infelices a los hombres, de haberlos arrancado a la alegría sencilla de la vida primitiva. Pero en un viaje que hará a Grecia acompañando a su padre, Laurence descubrirá que la miseria no tiene nada de sano y placentero y que es sencillamente atroz. Por lo demás, tampoco es cierto que la lectura y el arte basten para ser feliz: la reconciliación de su padre y Dominique, cuando ésta es abandonada por su amante, muestran a Laurence que aquél estaba harto de la soledad y dispuesto a cualquier cosa —incluso a aceptar la vida frívola y snob— para escapar de ella.

"¿Por qué no soy como los demás?", se pregunta Laurence a cada instante. Porque ella, todo el tiempo, se descubre diciendo cosas que no piensa, actuando sin convicción, simulando lo que no siente, exhibiendo ante el mundo una personalidad que no es la suya. ¿En qué momento surgió en su vida esa incomprensible duplicidad? ¿Por qué no fue la mujer que debió ser y es ahora este ser extraño a sí mismo? Trata de rebelarse pero sólo muy vagamente porque no sabe muy bien contra qué ni cómo hacerlo: los manotazos de ciego en el vacío sólo sirven, a la larga, para agravar su malestar. Ella quisiera *ser para sí misma una presencia amiga, un hogar que irradia calor*", y, en cambio, tiene la sensación de ser una sonámbula que evoluciona en un mundo *"liso, higiénico, rutinario".* Al final del libro, Laurence decide educar a sus hijas de una manera distinta a la exigida por las convenciones de su mundo, darles una posibilidad de salvarse. *"¿Qué posibilidad? Ni siquiera lo sabe".*

Simone de Beauvoir concluye con esa lúgubre frase la tragedia de Laurence, la tragedia de un mundo paradójico en el que el más alto desarrollo de la ciencia y de la técnica, la proliferación y abundancia de bienes, en vez de aminorar, aumentan la infelicidad humana. Desde luego que el libro no es un alegato contra el progreso, un manifiesto oscurantista contra las máquinas. Es un llamado de atención en favor del hombre, que debe ser siempre el objetivo esencial de ese progreso, el amo y beneficiario de esas prodigiosas máquinas modernas y no su esclavo y víctima. Para los lectores latinoamericanos el problema que describe Simone de Beauvoir en su novela, es todavía algo lejano y borroso, pues los peligros que amenazan a una sociedad que ha alcanzado, gracias a la técnica, el bienestar material, no se ciernen aún sobre nuestros países, aquejados de males más burdos y primarios. Pero conviene tener presente lo engañoso de esas bellas imágenes y estar concientes de lo irrisorio de un progreso que atienda a la satisfacción de ciertas necesidades humanas y olvide otras. El progreso de los hombres, parece decirnos Simone de Beauvoir, será simultáneamente material, intelectual y moral o, sencillamente, no será.

Londres, febrero, 1967

FLAUBERT, SARTRE Y LA NUEVA NOVELA

En la década del sesenta, la valoración de Flaubert en Francia cambió radicalmente; el menosprecio y olvido se convirtieron en rescate, elogio, moda. Los franceses, al mismo tiempo que yo, se volvían adictos y, con una actitud entre celosa y complacida, vi en esos años convulsos de gaullismo, guerra de Argelia, OAS y, para mí, galopantes horarios de literatura y radio (la ORTF era mi trabajo alimenticio), propagarse la pasión flaubertiana. Tengo muy presente la satisfacción, como si un familiar o un amigo hubiera sido el homenajeado, con que leí el prólogo de François-Régis Bastide para la reimpresión que hicieron Editions du Seuil de *La première education sentimentale*, conocida hasta entonces sólo por un público universitario, y que terminaba con esta afirmación que yo no hubiera vacilado un segundo en clavar en la puerta de mi casa: *"Ya lo sabíamos, pero ahora lo sabemos de una vez y para siempre: el verdadero Patrón es Flaubert"*.

A los *engagés* había sucedido, en la actualidad literaria francesa, esa heterogénea serie de novelistas agrupados por la crítica bajo el rótulo de "nouveau roman". Aunque me aburrían mucho casi todos, con la excepción de Beckett (se le incluía en el grupo porque compartía el editor con los demás), quien también me aburría pero me daba la impresión de que, en su caso, el aburrimiento tenía justificación, siempre les tuve simpatía porque proclamaban a los cuatro vientos la importancia de Flaubert para la novela moderna. Sin embargo, la primera en analizar teóricamente este vínculo no fue un novelista, sino una erudita, Geneviève Boleme, quien en 1964 publicó un ensayo, *La leçon de Flaubert*, destacando en el autor de *Madame Bovary* aquellos aspectos en los que centraban sus experimentos los nuevos narradores: conciencia artística, obsesión descriptiva, autonomía del texto, en otras palabras el "formalismo" flaubertiano. Su ensayo era una demostración aplicada de una convicción audaz: que en todo Flaubert y principalmente en *Madame Bovary* lo esencial es la descripción, que ella deshace la historia, que "describir" y no "relatar" fue para él la experiencia única capaz de expresar "los movimientos de la vida". Era una manera astuta de tender un puente entre Flaubert y los nuevos novelistas, todos ellos encarnizados descriptores y relatores más bien apáticos. En reportajes, artículos o conferencias, Robbe-Grillet, Michel Butor, Claude Simon habían reconocido a Flaubert el papel de adelantado de la modernidad. Pero quien se encargó de coronarlo oficialmente como maestro de la nueva novela fue Nathalie Sarraute, en un artículo brillante y tendencioso de la revista *Preuves* (febrero, 1965): *"Flaubert le précurseur"*. Quedé pasmado, en un bistrot de Saint-Germain, mientras lo leía. Estaba feliz con algunas afirmaciones (*"En este momento, el maestro de todos nosotros es Flaubert. En torno a su nombre, hay unanimidad; se trata del precursor de la novela actual"*), pero cuando el artículo pasa a explicar las razones del liderazgo, tuve la impresión de soñar. Sacando fuera de contexto un párrafo de una carta a Louise (*"Ce qui me semble beau, ce que je voudrais faire, c'est un livre sur rien, un livre sans attache extérieure, qui se tiendrait de lui-même par la force interne de son style, comme la terre sans être soutenue se tient en l'air, un livre qui n'aurait presque pas de sujet ou du moins où le sujet serait presque invisible, si cela se peut"*), Nathalie Sarraute confundía ese deseo de Flaubert con la realidad de su obra y llegaba a esta extraordinaria conclusión: *"Libros sobre nada, casi sin tema, liberados de personajes, de intrigas, y de todos los viejos accesorios, reducidos a un puro movimiento que los emparenta al arte abstracto".* Era difícil ir más lejos en la desnaturalización; nunca tan verdadera la frase de Borges según la cual cada autor crea a sus precursores. Pero, en fin, un lector tiene derecho a encontrar lo que pone en lo que lee. La cita de Nathalie Sarraute es de una carta escrita cuando Flaubert se hallaba entregado a *Madame Bovary* y quien haya seguido la elaboración de esta novela o de las otras sabe la atención minuciosa que prestaba a la historia —las situaciones, el escenario, los personajes, la peripecia—, el cuidado con que trazaba el plan argumental. Se podrían extraer centenares de citas de la *Correspondance* sobre la importancia que atribuía a la materia (él llamaba a eso "las ideas" de una novela), como se desprende, por ejemplo, de su opinión sobre *Graziella* de Lamartine. Su antojo de *"un livre sur rien, un livre sans attache extérieure"* es más justo entenderlo, de un lado, como un arrebato de entusiasmo por el estilo, y de otro como una defensa más de la autonomía de la ficción —todo en una novela, su verdad y su mentira, su seriedad o banalidad, está dado por la forma en que se materializa—, la necesidad de que una novela sea persuasiva por sus propios medios, es decir por la palabra y la técnica y no por su fidelidad al mundo exterior (aunque él sabía que la confrontación es inevitable desde que el libro está en manos del lector, quien sólo puede apreciar, entender, juzgar en función de ese mundo exterior del que es parte). La cita es un argumento a favor de la objetividad narrativa, no una negación de la anécdota. Si Nathalie Sarraute hubiera seguido revisando la *Correspondance*, hubiera encontrado que un año y cinco meses después de la frase citada por ella, Flaubert escribió —también a Louise— esta otra, que comienza retomando idéntica idea (libros sobre nada) y luego la corrige y completa en el sentido opuesto: "Je voudrais faire des livres où il n'eût qu'à écrire des phrases (si l'on peut dire cela), comme pour vivre il n'y a qu'à respirer de l'air. Ce qui m'embête, ce sont les malices de plan, les combinaisons d'effets, tous les calculs du dessous *et qui sont de l'Art pourtant, car l'effet du style en dépend, et exclusivement*" (Carta de la madrugada del 26 de junio de 1853; yo subrayo). Más claro no canta un gallo: la parte excitante era, para él, trabajar el estilo, la elección de las palabras, resolver los problemas de nominación, adjetivación, eufonía, ritmo. La otra parte le gustaba menos —las "malicias del plan", las "combinaciones de efectos", los "cálculos de fondo" son, evidentemente, los problemas relativos a los datos, el orden de las anécdotas que componen la historia, la organización de la materia en un sistema temporal—, pero no negaba que fuera artística ni importante. Al contrario, Flaubert afirma que "el efecto del estilo" *depende* de todo ello, y añade, en forma categórica: *exclusivamente*. Un autor puede no ser del todo consciente de la significación plena de su obra, y hubiera podido ocurrir que Flaubert, ambicionando escribir novelas que fueran sólo palabras, libros sin historia, hubiera contribuido a la novela moderna con invenciones que tienen que ver tanto, o quizá más, con la técnica narrativa —el montaje de la historia— que con el uso de la palabra. Me alegra poder probar que no es así; además de ser, en la práctica, un gran contador de historias, Flaubert fue perfectamente lúcido sobre la función de la anécdota en la narrativa y consideró incluso que la eficacia de la prosa (lo que para él quería decir su belleza) dependía "exclusivamente" de ella. Haber encontrado esta cita, que corrobora mi propia idea de la novela, es uno de los placeres que me ha producido la *Correspondance*, en estos días en que tantos narradores atacan con saña la "historia" en la ficción; otro, más personal aún, es la felicidad con que cualquier admirador del *Amadís de Gaula* y del *Tirant lo Blanc* descubre que alguna vez Flaubert escribió: *"Tu sais que c'est un de mes vieux rêves que d'écrire un roman de chevalerie. Je crois cela faisable, même après l'Arioste, en introduisant un élément de terreur et de poésie large qui lui manque. Mais qu'est-ce-que je n'ai pas envie d'écrire? Quelle est la luxure de plume qui ne m'excite!"* (*Corresp.*, vol. III, p. 245).

Pero lo importante era que, aunque algo adulterado,

Flaubert volvía a la actualidad a pasos rápidos. Las adulteraciones no sólo provenían del sector formalista. Casi al mismo tiempo que el artículo de Nathalie Sarraute —desviacionismo de derecha— leí, con gemela sorpresa, en *Recherches Soviétiques* (Cahier 6, 1956), la traducción de un ensayo de un miembro de la Academia de Ciencias de la URSS, A. F. Ivachtchenko, quien proponía una interpretación desviacionista de izquierda: Flaubert resultaba uno de los padres del realismo crítico.

Y en esos años, también, comenzó Sartre a hacer algo que puede considerarse una laboriosa y monumental autocrítica. Del juicio sumarísimo a Flaubert en *Situations, II* al esfuerzo de situarlo en su medio familiar, social e histórico en una interpretación que, congeniando a Marx, Freud y el existencialismo, atendiera totalizadoramente a los aspectos sociales e individuales de la creación, que eran "Question de méthode" (en *Critique de la raison dialectique*, 1960) y los artículos de 1966 en *Les Temps Modernes*,[1] había un considerable giro, un tránsito del desprecio hacia el respeto, una voluntad de comprensión muy distinta del úkase inicial. Ese proceso ha culminado en los tres volúmenes de *L'Idiot de la famille* (Sartre anuncia un cuarto, dedicado a *Madame Bovary*, pero no sería extraño que la obra quedara inconclusa, como ha ocurrido con otras series suyas) y que son la apoteosis del interés por Flaubert que ha caracterizado a la literatura francesa de los años sesenta. El más irreductible de sus críticos, el enemigo más resuelto de lo

1 "La Conscience de classe chez Flaubert" y "Flaubert: du poète à l'artiste", en *Les Temps Modernes*, de mayo-junio, 1966, y de agosto, 1966.

que representó Flaubert como actitud ante la historia y el arte, dedica veinte años de su vida y tres millares de páginas a estudiar su "caso" y reconoce que el hombre de Croisset fundó, junto con Baudelaire, la sensibilidad moderna. A mí esta reconciliación vino a resolverme un problema personal. Sartre es uno de los autores a quien creo deber más, y en una época admiré sus escritos casi tanto como los de Flaubert. Al cabo de los años, sin embargo, su obra creativa ha ido decolorándose en mi recuerdo, y sus afirmaciones sobre la literatura y la función del escritor, que en un momento me parecieron artículos de fe, hoy me resultan inconvincentes; son los ensayos dedicados a Baudelaire, a Genet, sus polémicas y artículos lo que me parece lo más vivo de su obra. Su figura moral, en cambio, ha ido agigantándose siempre para mí, en las crisis y dilemas de estos años difíciles, por la lucidez, honestidad y valentía con que ha sabido enfrentarse, no sólo al fascismo, al conservadurismo y a las trampas burguesas, sino también al autoritarismo y al espíritu clerical de la izquierda.

Mi opinión sobre *L'Idiot de la famille* no es excesivamente entusiasta; el libro interesa más al sartreano que al flaubertiano; a los dos meses de lectura que exige el ensayo uno queda con la sensación de una gigantesca tarea que no llega jamás a cumplir el designio enunciado en el prólogo: explicar las raíces y la naturaleza de la vocación de Flaubert, mediante una investigación interdisciplinaria en la que todas las ciencias humanas de nuestro tiempo concurrirían para mostrar qué se puede saber, hoy, de un hombre. No importa que un ensayo literario —el de Sartre lo es sólo a medias— se aparte del objeto de su estudio para hablar de otros temas, siempre y cuando el resultado justifique el desplazamiento. Pero en *L'Idiot de la famille* no ocurre así: al final, la impresión es de atomización, de un archipiélago de ideas desconectadas, de una desproporción notoria entre los medios empleados y el fin alcanzado. Libro extraordinariamente desigual, alternan en él análisis agudos y hallazgos luminosos con contradicciones flagrantes. Lo raro, en un fervoroso de lo concreto y lo real, como Sartre, es que buena parte del libro sea especulación pura, con un ancla muy débil en la realidad. En el primer tomo, por ejemplo, en tanto que la relación entre Gustave y su padre, el doctor Flaubert, resulta verosímil y está apoyada en textos sólidos, las relaciones que describe entre Flaubert y su hermana Caroline, primero, y, luego, entre Gustave y Alfred Le Poittevin, se basan en presunciones, algunas sumamente dudosas. Otro rasgo inesperado del libro es que, aunque en el avance contenido en *"Question de méthode"* la perspectiva del estudio quería ser simultáneamente existencialista, marxista y psicoanalítica, en *L'Idiot de la famille*, salvo en momentos ocasionales —algunos de gran brillantez, como la descripción del encontrado origen social e ideológico del padre y la madre de Flaubert, o el examen de las clases sociales durante el Segundo Imperio—, el grueso de la interpretación es estricta y se diría ortodoxamente freudiana, aunque arropada con un vocabulario existencialista. No lo digo como reproche, sino como curiosidad. Por lo demás, quizá las mejores páginas han sido logradas gracias al

método freudiano: la explicación psicoanalítica de
la *"crisis de Pont-l'Evêque"*, es decir la eternamente
debatida cuestión de la naturaleza exacta de la en-
fermedad de Flaubert —epilepsia, histeria, etc.—,
debate al que Sartre, con su teoría de la neurosis, apor-
ta un macizo, complejo e imaginativo, aunque no
enteramente persuasivo, punto de vista. Es en este segundo volumen, sobre todo, donde el ensayo se aparta
casi por completo de la literatura para ser sólo psico-
logía. En vez de "explicar"a Flaubert y a su obra a
partir de esa neurosis tan minuciosamente desmon-
tada, Sartre parece utilizar la persona y los escritos
de Flaubert para ilustrar los mecanismos de la personalidad neurótica. Resulta instructivo y fascinante
lo que se aprende sobre patología mental, complejo de
Edipo, de castración, desplazamientos simbólicos;
pero es muy poco, en cambio, lo que todo esto aclara
sobre la obra de Flaubert. La descripción de traumas
genéricos, de situaciones típicas, disuelve por completo dentro de una abstracción la especificidad de Flaubert, y era ésta la que, según su propósito explícito, el
ensayo debía cernir. Además, en este tomo segundo,
más todavía que en el primero, hay repeticiones
desesperantes y se tiene a ratos la sensación, girando
en esa prosa que reitera, vuelve, desanda, trajina cien
veces la misma idea, que Sartre ha caído prisionero
de su propia telaraña, que se halla —para utilizar
una imagen que le es cara— secuestrado en su construcción laberíntica. Lo mismo podría haber sido
dicho en la mitad de páginas. Esta certeza todavía
se acentúa en el último volumen, el más disperso de
los tres. Salvo en la sección titulada "Névrose et

programmation chez Flaubert: le Second Empire",
Flaubert se ha volatizado y el libro se eterniza, des-
cribiendo con una retórica a ratos ampulosa, pro-
cesos psíquicos independientes, desligados de su
caso particular: lo general ha borrado lo singular,
lo abstracto a lo concreto. La última parte, en cambio,
es la más interesante, sobre todo la comparación
entre Flaubert y Leconte de Lisle —el resumen de lo
que significó el parnasianismo y los vínculos entre
su estética y la teoría flaubertiana del arte es admirable— y lo mismo puede decirse del seductor análisis
de las relaciones entre Flaubert y el Segundo Imperio,
aunque no quede probada del todo la tesis de Sartre
según la cual el escritor representativo de esta sociedad fue el autor de *Madame Bovary*, quien se habría identificado visceralmente con lo que el régimen
de Louis Bonaparte significó. Al mismo tiempo, este
análisis histórico-social es un corte tan brusco con
lo anterior —que se movía exclusivamente en el
plano psicológico y psíquico—, que parece el comien-
zo de otra investigación, una ruptura más que un complemento. El libro cesa de manera abrupta, como si la
fatiga hubiera sorprendido al autor a mitad de la carrera, al descubrir que se había fijado una distancia
demasiado grande para sus fuerzas, para las fuerzas
de cualquier hombre solo. Al final, resulta desalenta-
dor comprobar que los textos de Flaubert estudiados
con más celo son apenas los escritos de infancia y
adolescencia, que el esfuerzo empleado en el examen
de esos textos —casi todos ellos de escaso valor literario, meros indicios prehistóricos de una vocación—
ha agotado el tiempo y la energía del crítico, quien,

al cabo del caudaloso texto, por una errónea planificación, no ha llegado aún a estudiar ni siquiera la primera novela que publicó Flaubert. Así, la obra terminada resulta ser lo que, sin duda, en el proyecto original de Sartre, debieron ser las consideraciones previas para una interpretación. A diferencia de ese personaje de *La Peste* de Camus, que nunca escribe una novela porque jamás decide cómo estructurar la primera frase del libro, aquí el escritor se ha puesto a escribir con tanta furia, ha desarrollado con tanto pormenor y consideraciones adventicias los prolegómenos, que ha perdido la perspectiva del conjunto, y de pronto descubre que el trabajo ha tomado tales proporciones que ya no tendrá tiempo —ni, sin duda, ganas— de llevar a término la empresa. El resultado es un bebe monstruo, un gigante niño, un producto frustado y genial. Eso se llama, desde luego, caer con todos los honores, ser derrotado por exceso de audacia: sólo ruedan hondo los que han trepado alto.

Naturalmente, la comparación de lo ocurrido a Sartre en este libro con lo que le ocurrió a Flaubert en el último que escribió es obligatoria. ¿Cabe un parecido mayor, un fracaso tan igualmente admirable y por razones tan idénticas como el de *L'Idiot de la famille* y *Bouvard et Pécuchet?* Ambas son tentativas imposibles, empresas destinadas a fracasar porque ambas se habían fijado de antemano una meta inalcanzable, estaban lastradas de una ambición en cierto modo inhumana: lo total. La idea de representar en una novela la totalidad de lo humano —o, si se quiere, la totalidad de la estupidez, pero para Flaubert ambos términos expresaban casi la misma cosa— era una utopía semejante a la de atrapar en un ensayo la totalidad de una vida, explicar a un hombre reconstruyendo *todas* las fuentes —sociales, familiares, históricas, culturales, psicológicas, biológicas, lingüísticas— de su historia, todos los afluentes de su personalidad visible y secreta. En los dos casos el autor intentaba desenredar una madeja que tiene principio, no fin. Pero es evidente que en ambos casos en el defecto está el mérito, que la derrota constituye una suerte de victoria, que en ambos casos la comprobación del fracaso sólo cabe a partir del reconocimiento de la grandeza que explica y que hizo inevitable ese fracaso. Porque haberse empeñado en semejante aventura —haber incurrido en el crimen de Luzbel: querer romper los límites, ir más allá de lo posible— es haber fijado un tope más alto a la novela y a la crítica.

Lima, octubre, 1974

ALBERT CAMUS Y LA MORAL DE LOS LIMITES

Hace unos veinte años Albert Camus era un autor de moda y sus dramas, ensayos y novelas ayudaban a muchos jóvenes a vivir. Muy influido por Sartre, a quien entonces seguía con pasión, leí en esa época a Camus sin entusiasmo, e, incluso, con cierta impaciencia por lo que me parecía su lirismo intelectual. Más tarde, con motivo de la aparición póstuma de los *Carnets* (1962 y 1964), escribí un par de artículos en los que, ligereza que ahora me sonroja, afirmaba que la obra de Camus había sufrido eso que, con fórmula de Carlos Germán Belli, podríamos llamar "encanecimiento precoz". Y, a partir de la actitud de Camus frente al drama argelino —actitud que conocía mal, por la caricatura que habían hecho de ella sus adversarios y no por los textos originales de Camus— me permití incluso alguna ironía en torno a la imagen del justo, del santo laico, que algunos devotos habían acuñado de él.

No volví a leer a Camus hasta hace algunos meses, cuando, de manera casi casual, con motivo de un atentado terrorista que hubo en Lima, abrí de nuevo *L'homme révolté*, su ensayo sobre la violencia en la historia, que había olvidado por completo (o que nunca entendí). Fue una revelación. Ese análisis de las fuentes filosóficas del terror que caracteriza a la historia contemporánea me deslumbró por su lucidez y actualidad, por las respuestas que sus páginas dieron a muchas dudas y temores que la realidad de mi país provocaba en mí y por el aliento que fue descubrir que, en varias opciones difíciles de política, de historia y de cultura, había llegado por mi cuenta, después de algunos tropezones, a coincidir enteramente con Camus. En todos estos meses he seguido leyéndolo y esa relectura, pese a inevitables discrepancias, ha trocado lo que fue reticencia en aprecio, el desaire de antaño en gratitud. En unos brochazos toscos, me gustaría diseñar esta nueva figura que tengo de Camus.

Pienso que para entender al autor de *L'Etranger* es útil tener en cuenta su triple condición de provinciano, de hombre de la frontera y miembro de una minoría. Las tres cosas contribuyeron, me parece, a su manera de sentir, de escribir y de pensar. Fue un provinciano en el sentido cabal de la palabra, porque nació, se educó y se hizo hombre muy lejos de la capital, en lo que era entonces una de las extremidades remotas de Francia: Africa del Norte, Argelia. Cuando Camus se instaló definitivamente en París tenía cerca de treinta años, es decir, era ya, en lo esencial, el mismo que sería hasta su muerte. Fue un provinciano para bien y para mal, pero sobre todo para bien, en muchos sentidos. El primero de todos, porque, a diferencia de lo que ocurre con el hombre de la gran ciudad, vivió en un mundo donde el paisaje era la presencia primordial, algo infinitamente más atractivo e importante que el cemento y el asfalto. El amor de Camus por la naturaleza es rasgo permanente de su obra: en sus primeros libros —*L'envers et l'endroit, Noces, L'Eté, Minotaure ou halte d'Oran*—, el sol,

el mar, los árboles, las flores, la tierra áspera o las
dunas quemantes de Argelia son la materia prima de
la descripción o el punto de partida de la reflexión,
las referencias obligadas del joven ensayista cuando
trata de definir la belleza, exalta la vida o especula
sobre su vocación artística. Belleza, vida y arte se
confunden en esos textos breves y cuidados en una
suerte de religión natural, en una identificación
mística con los elementos, en una sacralización de la
naturaleza que a mí, en muchos momentos, me ha
hecho recordar a José María Arguedas, en cuyos escritos se advierte algo semejante. En la obra posterior
de Camus, el paisaje —y sobre todo el privilegiado
paisaje mediterráneo— está también presente, a
menudo como un apetito atroz o como una terrible
nostalgia: Marthe y su madre, las ladronas y asesinas
de *Le malentendu*, matan a los viajeros del albergue
con el fin de poder, algún día, instalarse en una casita
junto al mar, y Jean-Baptiste Clamence, el protago-
nista de *La chute*, exclama en un momento desespera-
do de su soliloquio: "*¡Oh, sol, playas, islas de los
vientos alisios, juventud cuyo recuerdo desespera!*".
En Camus, el paisaje, por su hermosura y calidez bien-
hechora, no sólo contenta el cuerpo del hombre; también lo purifica espiritualmente.

No señalo la aguda sensibilidad de Camus por la
naturaleza sólo porque ella se traduce en algunas
de las páginas de prosa más intensa que escribió,
ni porque ella impregna su obra de cierto color exóti-
co, sino, sobre todo, porque el poderoso vínculo sen-
timental que unió a Camus con esas reverberantes
playas argelinas, con esas ruinas de Tipasa devoradas

por la vegetación salvaje, con esos desiertos, montañas y árboles, son la raíz de un aspecto fundamental de —él no hubiera aceptado la expresión— su filosofía. *"Todo mi reino es de este mundo"*, escribió en *Noces*, en 1939. Y unas páginas después: *"El mundo es bello y fuera de él no hay salvación."* El ateísmo de Camus, ¿puede desligarse acaso de su deificación de la naturaleza? La otra vida no le pareció incomprensible, sino, simplemente, innecesaria: en ésta encontró suficiente plenitud, goce y belleza para colmar a los hombres. Porque su ateísmo no es materialista, sino, más bien, una especie de religión pagana en la que el espíritu resulta el estadio superior, una prolongación de los sentidos. Lo dijo en *Noces*, donde, con motivo de una visita a un convento de Florencia, recuerda a los vagabundos de Argel: *"Sentía una común resonancia entre la vida de esos franciscanos, encerrados entre columnas y flores, y la de los mozos de la playa Padovani de Argel, que pasan todo el año al sol. Si se desvisten, es para una vida más grande, y no para otra vida. Es éste, al menos, el único sentido válido de la palabra "desnudez". Estar desnudo guarda siempre un sentido de libertad física y a ese acuerdo entre la mano y las flores —ese amoroso entendimiento de la tierra y el hombre liberado de lo humano—, ¡ah! a ese acuerdo me convertiría si no fuese ya mi religión"*.

En efecto, fue su religión, o más bien una convicción a la que permaneció fiel toda su vida: la de que el hombre se realiza íntegramente, vive su total realidad, en la medida en que comulga con el mundo natural, y la de que el divorcio entre el hombre y el paisaje

mutila lo humano. Es quizá esta convicción, nacida
de la experiencia de alguien que creció a la intemperie
—y que, en la semblanza de Orán, en el *Minotaure ou
halte d'Oran*, hizo un elogio de la vida provinciana
que hubiera aprobado el provinciano por antonomasia, quiero decir Azorín—, la que separó a Camus
de los intelectuales de su generación. Todos ellos,
marxistas o católicos, liberales o existencialistas,
tuvieron algo en común: la idolatría de la historia.
Sartre o Merleau-Ponty, Raymond Aron o Roger
Garaudy, Emmanuel Mounier o Henri Lefebvre, por
lo menos en un punto coincidieron: el hombre es
un ser eminentemente social y entender sus miserias
y padecimientos, así como proponer soluciones para
sus problemas, es algo que sólo cabe en el marco de
la historia. Enemistados en todo lo demás, estos escritores compartían el dogma más extendido de
nuestro tiempo: la historia es el instrumento clave
de la problemática humana, el territorio donde se
decide *todo* el destino del hombre. Camus no aceptó
nunca este mandamiento moderno. Sin negar la dimensión histórica del hombre, siempre sostuvo que
una interpretación puramente económica, sociológica,
ideológica de la condición humana era trunca y, a la
larga, peligrosa. En *L'eté* (1948) escribió: *"La historia no explica ni el universo natural que existía
antes de ella ni tampoco la belleza que está por encima de ella."* Y en ese mismo ensayo objetó la hegemonía de las ciudades, a las cuales asociaba el absolutismo historicista en el que, más tarde, en *L'homme
révolté*, vería el origen de la tragedia política moderna,
es decir, la época de las dictaduras filosóficamente

justificadas en la necesidad histórica: *"Vivimos en la época de las grandes ciudades. De modo deliberado se amputó al mundo aquello que hace su permanencia: la naturaleza, el mar, la colina, la meditación de los atardeceres. Ya no hay conciencia si no es en las calles, porque no hay historia sino en las calles; tal es lo que se ha decretado."*

A este hombre citadino, al que los pensadores modernos han convertido en un mero producto histórico, al que las ideologías han privado de su carne y su sangre, a este ser abstracto y urbano, separado de la tierra y del sol, desindividualizado, disgregado de su unidad y convertido en un archipiélago de categorías mentales, Camus opone el hombre natural, unido al mundo de los elementos, que reivindica orgullosamente su estirpe física, que ama su cuerpo y que procura complacerlo, que encuentra en el acuerdo con el paisaje y la materia no solamente una forma plena y suficiente del placer sino la confirmación de su grandeza. Este hombre es elemental no sólo porque sus placeres son simples y directos, sino, también, porque carece de los refinamientos y las astucias sociales: es decir, el respeto de las convenciones, la capacidad de disimulación y de intriga, el espíritu de adaptación y las ambiciones que tienen que ver con el poder, la gloria y la riqueza. Estas son cosas que ni siquiera desprecia: ignora que existen. Sus virtudes —la franqueza, la sencillez, una cierta predilección por la vida espartana— son las que tradicionalmente se asocian con la vida de provincia, y, en otro sentido, con el mundo pagano. ¿Qué ocurre cuando este hombre natural intenta hacer uso de su derecho de ciudad? Una tragedia: la ciudad lo tritura y acaba con él. Este es el tema de la mejor novela de Camus: *L'Etranger.*

Durante mucho tiempo se ha repetido que era un libro filosófico sobre la sinrazón del mundo y de la vida, una ilustración literaria de esa filosofía del absurdo que Camus había intentado describir en el *Mythe de Sisiphe.* Leída hoy, la novela parece sobre todo un alegato contra la tiranía de las convenciones y de la mentira en que se funda la vida social. Meursault es, en cierta forma, un mártir de la verdad. Lo que lo lleva a la cárcel, a ser condenado, y, presumiblemente, ejecutado, es su incapacidad ontológica para disimular sus sentimientos, para hacer lo que hacen los otros hombres: representar. Es imposible para Meursault, por ejemplo, fingir en el entierro de su madre más tristeza de la que tiene y decir las cosas que, en esas circunstancias, se espera que un hijo diga. Tampoco puede —pese a que en ello le va la vida— simular ante el juez un arrepentimiento mayor del que siente por la muerte que ha causado. Eso se castiga en él, no su crimen. De otro lado, la novela es también un manifiesto a favor de la preeminencia de este mundo sobre cualquier otro. Meursault —el hombre elemental— es educado, lacónico, pacífico (su crimen es, realmente, obra del azar) y sólo pierde el control de sí mismo y se irrita cuando le hablan de Dios , cuando alguien —como el juez de instrucción o el capellán de la cárcel— se niega a respetar su ateísmo (más bien, su paganismo) así como él respeta el deísmo de los demás. La actitud catequista y sectaria, impositiva, lo exaspera. ¿Por qué? Porque

todo lo que él ama y comprende está exclusivamente
en esta tierra: el mar, el sol, los crepúsculos, la carne
joven de María. Con la misma indiferencia animal
con que cultiva los sentidos, Meursault practica la
verdad: eso hace que, entre quienes lo rodean, parezca
un monstruo. Porque la verdad —esa verdad natural,
que mana de la boca como el sudor de la piel— está
reñida con las formas racionales en que se funda la
vida social, la comunidad de los hombres históricos.
Meursault es en muchos aspectos un *alter ego* de
Camus, que amó también este mundo con la inten-
sidad con que los místicos aman el otro, que tuvo
también el vicio de la verdad y que por ella —sobre
todo en política— no vaciló en infringir las convenciones de su tiempo. Sólo un hombre venido de lejos,
desenterado de las modas, impermeable al cinismo
y a las grandes servidumbres de la ciudad, hubiera
podido defender, como lo hizo Camus, en pleno
apogeo de los sistemas, la tesis de que las ideologías
conducen irremisiblemente a la esclavitud y al crimen,
a sostener que la moral es una instancia superior a
la que debe someterse la política y a romper lanzas
por dos señoras tan desprestigiadas ya en ese momento que su sólo nombre había pasado a ser objeto
de irrisión: la libertad y la belleza.

De otro lado, hay en el estilo de Camus un cierto
anacronismo, una solemnidad y un amaneramiento
que es imposible no asociar con esos caballeros del interior que lustran sus botines y se enfundan su mejor
traje cada domingo para dar vueltas a la Plaza oyendo
la retreta. Jean-Baptiste Clamence, el juez-penitente
de la *La chute* que, asqueado de la mentira y la dupli-

cidad que era su vida en la gran capital, ha ido a perderse y a predicar la servidumbre en un bar prostibulario de Amsterdam, dice a su invisible interlocutor, luego de pronunciar una frase muy rebuscada: *"Ah, noto que este imperfecto de subjuntivo lo turba. Confieso mi debilidad por ese tiempo verbal y por el beau langage, en general."* Es el caso de Camus. En el buen sentido de la palabra, hay en su prosa una constante afectación; una gravedad sin tregua, una absoluta falta de humor y una rigidez muy provincianas. Sus frases, generalmente cortas, están pulidas, limpiadas, depuradas hasta lo esencial y cada una de ellas tiene la perfección de una piedra preciosa. Pero el movimiento o respiración del conjunto suele ser débil. Se trata de un estilo estatuario en el que, además de su admirable concisión y de la eficacia con que expresa la idea, el lector advierte algo *naïf*; un estilo endomingado, sobre el que flota, impregnándolo de un airecillo pasado de moda, un perfume de almidón. No deja de ser paradójico que el escritor moderno que ha celebrado con los acentos más persuasivos la vida natural y directa, fuera, como prosista, uno de los más "artísticos" (en el sentido de trabajado y también de artificial) de su tiempo. Es una de las originalidades de Camus; otra, el que, muy provincianamente, cultivara géneros extinguidos, como las cartas, por ejemplo —pienso en las *Lettres à un ami allemand* que escribió cuando era resistente, explicando las razones por las que combatía—, o esos textos ambiguos, como *Noces, L'Eté* o *L'envers et l'endroit,* a medio camino del ensayo y la ficción, de la poesía y la prosa, que entroncan, dando un salto de siglos, con la literatura clásica.

Pero aparte de las formas literarias, hay también algunos valores que Camus cultivó y defendió con pasión, desterrados ya de la ciudad, es decir del mundo de los solitarios y los cínicos: el honor y la amistad. Son valores individualistas por definición, alérgicos a la concepción puramente social del hombre, y en los que Camus vio dos formas de redención de la especie, una manera de regenerar la sociedad, un tipo superior y privilegiado de relación humana. El honor del que él habla con tanta frecuencia no es el del que suelen hablar los espadachines y los cornudos. Es, muy exactamente, la vieja *honra* medieval española, es decir ese respeto riguroso de la dignidad propia, ese acuerdo de la conducta con una regla íntimamente aceptada, que, si se rompe, por debilidad de uno o acción ajena, degrada al individuo. No es extraño que Camus (quien por parte de madre era de origen español) fuera un buen gustador de la literatura del Siglo de Oro y que tradujera al francés *El caballero de Olmedo*, de Lope, y *La devoción de la Cruz*, de Calderón. No estoy tratando de insinuar que Camus propusiera, como un extravagante pasadista, resucitar los valores del Medioevo. La *honra* que él predicaba —y que era la suya— estaba exenta de toda connotación cristiana o clasista, y consistía en reconciliar definitivamente, en cada individuo, las palabras y los hechos, la creencia y la conducta, la apariencia social y la esencia espiritual, y en el respeto último de dos mandamientos morales muy precisos: no cometer ni justificar, en ningún caso y en ninguna circunstancias, la mentira ni el crimen. En cuanto a la amistad —forma de relación que, aparentemente, se halla en vías de extinción: los hombres hoy son más aliados, cómplices (eso que se designa con fórmulas como "compañero", "correligionario" o "camarada"), que amigos— Camus no sólo vio en ella la más perfecta manera de solidaridad humana, sino el arma más eficaz para combatir la soledad, la muerte en vida. Es la falta de amistades, esa carencia que es en ellos al mismo tiempo una discreta pero desesperada ambición, lo que da a los protagonistas de sus despobladas novelas ese desamparo tan atroz, ese desvalimiento e indigencia ante el mundo. Meursault, el Dr. Rieux, Tarrou y Jean-Baptiste Clamence nos parecen tan solos porque son hombres sin amigos. Es este último quien lo expresa con cierto patetismo, en esta frase triste: *"Ah, mi amigo, ¿sabe usted lo que es la criatura solitaria, errando por las calles de las grandes ciudades?"*. La desaparición de la amistad, esa manera de perder el tiempo que es de todos modos supervivencia de la provincia, era para Camus una de las tragedias de la vida moderna, uno de los síntomas del empobrecimiento humano. El cultivó la amistad como algo precioso y exaltante, y los textos que escribió sobre sus amigos —como el artículo en *Combat* a la muerte de René Leynaud, resistente fusilado por los nazis— son los únicos en que se permitió a veces (algo a lo que era alérgico) revelar su intimidad. Demostró su fidelidad a sus amigos incluso en gestos insólitos, en él que era la mesura en todo, como dedicar varios libros, en distintas épocas, a una misma persona (su maestro Jean Grenier). Para dar una forma gráfica a su decepción de Francia,

Jean-Baptiste Clamence le recuerda a su interlocutor, con melancolía, a esos amigos que, en los pueblos de Grecia, se pasean por las calles con las manos enlazadas: ¿se imagina usted, le dice, a un par de amigos paseándose hoy tomados de las manos por las calles de París?

Camus fue un hombre de la frontera, porque nació y vivió en ese borde tenso, áspero, donde se tocaban Europa y Africa, Occidente y el Islam, la civilización industrializada y el subdesarrollo. Esa experiencia de la periferia le dio a él, europeo, respecto de su propio mundo, de un lado, una adhesión más intensa que la de quien, por hallarse en el centro, mide mal o no ve la significación de la cultura a la que pertenece, y de otro, una intranquilidad, una conciencia del peligro, una preocupación por el debilitamiento de las bases mucho mayor que la de quien, precisamente porque se halla lejos de la frontera, puede despreocuparse de esos problemas, o, incluso, socavar suicidamente el suelo en que se apoya. No acuso a Camus de etnocentrismo, de menosprecio hacia las culturas del resto del mundo, porque él fue profundamente europeo en lo que Europa tiene de más universal. Pero es un hecho que Europa y los problemas europeos fueron la preocupación central de su obra; esto no la empobrece, pero la enmarca, sí, dentro de límites precisos. Cuando Camus se ocupó de asuntos vinculados al tercer mundo —como la miseria de los kabilas o la represión colonial en Madagascar— lo hizo desde una perspectiva continental: para denunciar hechos que —era la acusación más grave que él profería— *deshonraban* a Europa. Por lo demás, su adhesión a la cultura occidental tiene raíces muy personales y hasta se podría decir únicas. El no sólo está muy lejos de quienes, como Sartre, consideran esa cultura viciada de raíz y esperan su desplome, para, con ayuda de los condenados de la tierra, rehacer desde cero una cultura del hombre universal, sino también de aquellos que, como Jaspers, Malraux o Denis de Rougemont reivindican el legado europeo en bloque y quisieron conservarlo en su integridad. La Europa que Camus defiende, aquella que quisiera salvar, vigorizar, ofrecer como modelo al mundo, es la Europa de un pagano moderno y meridional, que se siente heredero y defensor de valores que supone venidos de la Grecia clásica: el culto a la belleza artística y el diálogo con la naturaleza, la mesura, la tolerancia y la diversidad social, el equilibrio entre el individuo y la sociedad, un democrático reparto de funciones entre lo racional y lo irracional en el diseño de la vida y un respeto riguroso de la libertad. De esta utopía relativa (como él la llamó) han sido despedidos, por lo pronto, el cristianismo y el marxismo. Camus siempre fue adversario de ambos porque, a su juicio, uno y otro, por razones distintas, rebajan la dignidad humana. Nada lo indignaba tanto como que críticos católicos o comunistas lo llamaran pesimista. En una conferencia de 1948, en la Sala Pleyel, les respondió con estas palabras: *"¿Con qué derecho un cristiano o un marxista me acusa de pesimista? No he sido yo quien ha inventado la miseria de la criatura, ni las terribles fórmulas de la maldición divina. No he sido yo quien gritó* Nemo bonus *o proclamó la condenación de los niños sin bautismo. No he sido yo quien dijo que el hombre era incapaz de salvarse por sí mismo y que, en el fondo de su bajeza, no tenía otra esperanza que la gracia de Dios. ¡Y en cuanto al famoso optimismo marxista! Nadie ha ido tan lejos en la desconfianza respecto del hombre como el marxista, y, por lo demás, ¿acaso las fatalidades económicas de este universo no resultan todavía más terribles que los caprichos divinos?"*

Esta filosofía humanista no acepta el infierno porque piensa que el hombre ha padecido ya todos los castigos posibles a lo largo de la historia y sí admite el paraíso pero a condición de realizarlo en este mundo. Lo humano es, para él, una totalidad donde cuerpo y espíritu tienen las mismas prerrogativas, donde está terminantemente prohibido, por ejemplo, que la razón o la imaginación se permitan una cierta superioridad sobre los sentidos o los músculos. (Camus, que fue un buen futbolista, declaró alguna vez: *"Las mejores lecciones de moral las he recibido en los estadios."*) Nunca desconfió de la razón, pero —y la historia de nuestros días ha confirmado sus temores— sostuvo siempre que si a ella sola se le asignaba la función de explicar y orientar al hombre, el resultado era lo inhumano. Por eso prefirió referirse a los problemas sociales de una manera concreta antes que abstracta. En el reportaje sobre los kabilas que hizo en 1939, cuando era periodista, escribió: *"Siempre constituye un progreso que un problema político quede remplazado por un problema humano."* Vivió convencido de que la política era sólo una provincia de la experiencia humana, que ésta era más ancha y compleja que aquélla, y que si (como, por desgracia, ha pasado) la política se convertía en la primera y fundamental actividad, a la que se subordinaban todas las otras, la consecuencia era el recorte o el envilecimiento del individuo. Es en ese sentido que combatió lo que he llamado la idolatría de la historia. En un texto de 1948, *"El destierro de Helena"*, dedicado a deplorar que Europa haya renegado de Grecia, escribió: *"Colocando a la historia sobre el trono de Dios, marchamos hacia la teocracia, igual que aquellos a quienes los griegos llamaban bárbaros y a quienes combatieron en la batalla de Salamina."* ¿Qué era lo que Camus se empeñó en preservar del ejemplo de esa Grecia, que, en su caso, es tan subjetiva y personal como fue la Grecia de Rubén Darío y de los modernistas? Respondió a esta pregunta en uno de los ensayos de *L'Eté: "Rechazar el fanatismo, reconocer la propia ignorancia, los límites del mundo y del hombre, el rostro amado, la belleza, en fin, he ahí el campo donde podemos reunirnos con los griegos."* Rechazar el fanatismo, reconocer la propia ignorancia, los límites del mundo y del hombre: Camus postula esta propuesta en plena guerra fría, cuando el mundo entero era escenario de una pugna feroz entre fanatismos de distinto signo, cuando las ideologías de derecha y de izquierda se enfrentaban con el declarado propósito de conquistar la hegemonía y destruir al adversario. *"Nuestra desgracia —escribiría en 1948— es que estamos en la época de las ideologías y de las ideologías totalitarias, es decir, tan seguras de ellas mismas, de sus razones imbéciles o de sus verdades estrechas, que no admiten otra salvación para el mundo que su propia dominación. Y querer do-*

minar a alguien o a algo es ambicionar la esterilidad,
el silencio o la muerte de ese alguien.'' Este horror
del dogma, de todos los dogmas, es un fuego que lla-
mea en el corazón mismo del pensamiento de Camus,
el fundamento de su concepción de la libertad. Su
convicción de que toda teoría que se presenta como
absoluta —por ejemplo el cristianismo o el marxismo— acaba tarde o temprano por justificar el crimen
y la mentira lo llevó a desarrollar esa *moral de los
límites,* que es, sin duda, la más fértil y valiosa de sus
enseñanzas. ¿En qué consiste? El respondió así: *"En
admitir que un adversario puede tener razón, en de-
jarlo que se exprese y en aceptar reflexionar sobre
sus argumentos''* (febrero de 1947). A un periodista
que le preguntaba en 1949 cuál era su posición política, le repuso: *"Estoy por la pluralidad de posiciones.
¿Se podría organizar un partido de quienes no están
seguros de tener razón? Ese sería el mío.''* No eran
meras frases, una retórica de la modestia para lograr
un efecto sobre un auditorio. Camus dio pruebas de
la honestidad con que asumía esa actitud relativista
y flexible, y así, por ejemplo, luego de polemizar
con François Mauriac sobre la depuración que se
llevaba a cabo en Francia, a la Liberación, contra los
antiguos colaboradores de Alemania, humildemente,
tomó la iniciativa, pasado algún tiempo, de procla-
mar que era él quien se había equivocado y que Mauriac había tenido razón al deplorar los excesos que
esa política cometió: *"Aquellos que pretenden saberlo todo y resolverlo todo acaban siempre por matar'',*
le recordó a Emmanuel d'Astier, en 1948.
Decir que Camus fue un demócrata, un liberal, un

reformista, no serviría de gran cosa, o, más bien, sería contraproducente, porque esos conceptos han pasado —y ésa es, hay que reconocerlo, una de las grandes victorias conseguidas por las ideologías totalitarias—, en el mejor de los casos, a definir la ingenuidad política, y, en el peor, a significar las máscaras hipócritas del reaccionario y el explotador. Es preferible tratar de precisar qué contenido tuvieron en su caso esas posiciones. Básicamente, en un rechazo frontal del totalitarismo, definido éste como un sistema social en el que el ser humano viviente deja de ser fin y se convierte en instrumento. La moral de los límites es aquella en la que desaparece todo antagonismo entre medios y fines, en la que son aquéllos los que justifican a éstos y no al revés. En un editorial de *Combat*, en la euforia reciente de la Liberación de París, Camus expresó con claridad lo que lo oponía a buena parte de sus compañeros de la Resistencia: *"Todos estamos de acuerdo sobre los fines, pero tenemos opiniones distintas sobre los medios. Todos deseamos con pasión, no hay duda, y con desinterés, la imposible felicidad de los hombres. Pero, simplemente, hay entre nosotros quienes creen que uno puede valerse de todo para lograr esa felicidad y hay quienes no lo creen así. Nosotros somos de estos últimos. Nosotros sabemos con qué rapidez los medios se confunden con los fines y por eso no queremos cualquier clase de justicia... Pues se trata, en efecto, de la salvación del hombre. Y de lograrla, no colocándose fuera de este mundo, sino dentro de la historia misma. Se trata de servir la dignidad del hombre a través de medios que sean dignos dentro de una historia que no lo es."* El tema del totalitarismo, del poder autoritario, de los extremos de demencia a que puede llegar el hombre cuando violenta esa moral de los límites acosó toda su vida a Camus. Inspiró tres de sus obras de teatro —*Caligule, L'état de siège* y *Les justes*—, el mejor de sus ensayos, *L'homme révolté,* y su novela *La peste.* Basta echar una mirada a la realidad de hoy para comprender hasta qué punto la obsesión de Camus con el terrorismo de Estado, la dictadura moderna, fue justificada y profética. Estas obras son complementarias, describen o interpretan diferentes aspectos de un mismo fenómeno. En *Calígula,* es el vértice de la pirámide quien ocupa la escena, ese hombrecillo banal al que, de pronto, la ascensión al poder convierte en Dios. El poder en libertad tiene su propia lógica, es una máquina que una vez puesta en funcionamiento no para hasta que todo lo somete o destruye. Dice Calígula: *"Por lo demás, he decidido ser lógico, y, como tengo el poder, van ustedes a ver lo que les costará la lógica. Exterminaré a los contradictores y a las contradicciones."* Y en otro momento: *"Acabo de comprender la utilidad del poder. El da chance a lo imposible. Hoy, y por todo el tiempo que venga, mi libertad no tendrá fronteras."* Esas palabras, ¿no hubieran podido decirlas, en el momento que se estrenó la pieza, Hitler, Stalin, Mussolini o Franco? ¿No tendrían derecho a decirlas, hoy, Pinochet, Bánzer, Somoza, y, en la otra frontera, Mao, Fidel, Kim il Sung? También la libertad de esos semidioses carece de fronteras, también ellos pueden lograr lo imposible, conseguir la unanimidad social y materializar la verdad absoluta mediante el expediente rápido de exterminar a "los contradictores y a las contradicciones". En *La peste* y en *L'état de siège* la dictadura está descrita de manera alegórica, no a través de quien la ejerce, sino de quienes la padecen. Allí vemos, bajo la apariencia de una epidemia, cómo esa libertad ilimitada del déspota desciende sobre la ciudad y la anega igual a una infección, destruyendo, corrompiendo, estimulando la abyección y la cobardía, aislándola del resto del mundo, convirtiendo al conjunto de los hombres en una masa amorfa y vil y al mundo en un infierno donde sólo sobreviven los peores y siempre por las peores razones. *El hombre rebelde* es un análisis del espeluznante proceso teórico que ha conducido al nacimiento de las filosofías del totalitarismo, es decir los mecanismos intelectuales por los que el Estado moderno ha llegado a darle al crimen y a la esclavitud una justificación histórica. El nazismo, el fascismo, el anarquismo, el socialismo, el comunismo, son los personajes de este deslumbrante drama, en el que vemos cómo, poco a poco, en una inversión casi mágica, las ideas de los hombres se emancipan de pronto de quienes las producen para, constituidas como una realidad autónoma, consistente y belicosa, precipitarse contra su antiguo amo para sojuzgarlo y destruirlo. La tesis de Camus es muy simple: toda la tragedia política de la humanidad comenzó el día en que se admitió que era lícito matar en nombre de una idea, es decir el día en que se consintió en aceptar esa monstruosidad: que ciertos conceptos abstractos podían tener más valor e importancia que los seres concretos de carne y hueso. *Los justos* es una obra de teatro, de naturaleza histórica, sobre un grupo de hombres que fascinó a Camus y cuyo pensamiento y hazañas (si se puede llamarlas así) constituyen también la materia de uno de los capítulos más emocionantes de *L'homme révolté*: esos terroristas rusos de comienzos de siglo, desprendidos del partido socialista revolucionario, que practicaban el crimen político de una manera curiosamente moral: pagando con sus propias vidas las vidas que suprimían. Comparados a quienes vendrían después, a los asesinos por procuración de nuestros días, a esos verdugos filósofos que irritaban tanto a Camus (*"...tengo horror de esos intelectuales y de esos periodistas, con quienes usted se solidariza, que reclaman o aprueban las ejecuciones capitales, pero que se valen de los demás para llevar a cabo el trabajo"* le dijo a Emmanuel d'Astier en su polémica), los justos resultaban en cierto modo dignos de algún respeto: su actitud significaba que tenían muy en alto el valor de la vida humana. El precio de matar, para ellos era caro: morir. En un artículo en *La table ronde*, titulado, muy gráficamente, *"Los homicidas delicados"*, Camus resumió así lo que sería más tarde el tema de *Les justes* y de *L'homme révolté*: *"Kaliayev, Voinarovski y los otros creían en la equivalencia de las vidas. Lo prueba el que no pongan ninguna idea por encima de la vida humana, a pesar de que matan por una idea. Para ser exacto, viven a la altura de la idea. Y, de una vez por todas, la justifican encarnándola hasta la muerte. Nos hallamos, pues, ante una concepción si no religiosa por lo menos metafísica de la rebelión. Después de ellos vendrán otros hombres, que, animados por la misma fe devoradora, juzgarán sin embargo que esos métodos son sentimentales y rechazarán la opinión de que cualquier vida es equivalente a cualquier otra. Ellos, en cambio, pondrán por encima de la vida humana una idea a la cual, sometidos de antemano, decidirán, con total arbitrariedad, someter también a los otros. El problema de la rebelión ya no se resolverá de manera aritmética según el cálculo de las probabilidades. Frente a una futura realización de la idea, la vida humana puede ser todo o nada. Mientras más grande es la fe que el calculador vuelca en esta realización, menos vale la vida humana. En el límite, ella no vale nada. Y hoy hemos llegado al límite, es decir al tiempo de los verdugos filósofos.*" En *Les justes*, el terrorista irreprochable, Stepan, proclama, en las antípodas de Camus: "*Yo no amo la vida, sino la justicia, que está por encima de la vida.*" ¿No es esta frase algo así como la divisa, hoy día, de todas las dictaduras ideológicas de izquierda como de derecha que existen sobre la tierra?

Sería injusto creer que el reformismo de Camus se contentaba con postular una libertad política y un respeto a los derechos del individuo a la discrepancia, olvidando que los hombres son también víctimas de otras "pestes", tanto o más atroces que la opresión. Camus sabía que la violencia tiene muchas caras, que ella también se aplica, y con qué crueldad, a través del hambre, de la explotación, de la ignorancia, que la libertad política vale poca cosa para alguien a quien se mantiene en la miseria, realiza un trabajo animal o vive en la incultura. Y sabía todo esto de una manera muy directa y personal porque, como dije al principio, era miembro de una minoría.

Había nacido *pied noir*, entre ese millón de europeos que, frente a los siete millones de árabes argelinos, constituían una comunidad privilegiada. Pero esta comunidad de europeos no era homogénea, había en ella ricos, medianos y pobres y Camus pertenecía al último estrato. El mundo de su infancia y de su adolescencia fue miserable: su padre era un obrero y, cuando éste murió, su madre tuvo que ganarse la vida como sirvienta; su tío protector, el primero que lo hizo leer, era un carnicero anarquista. Pudo estudiar gracias a becas y, cuando contrajo la tuberculosis, se curó en instituciones de beneficencia. Palabras como "pobreza", "desamparo", "explotación" no fueron, para él, como para muchos intelectuales progresistas, nociones aprendidas en los manuales revolucionarios, sino experiencias vividas. Y, por eso, nada tan falso como acusar a Camus de insensibilidad frente al problema social. El periodista que hubo en él denunció muchas veces, con la misma claridad con que el ensayista combatió el terror autoritario, la injusticia económica, la discriminación y el prejuicio social. Una prueba de ello son las crónicas que en el año 1939 escribió bajo el título de *La misère à Kabilie*, mostrando la terrible situación en que se encontraban los kabilas de Argelia, y que le valieron la expulsión del país. Por otra parte, en el pensamiento de Camus está implícitamente condenada la explotación económica del hombre con el mismo rigor que su opresión política. Y por las mismas razones: para ese humanismo que sostiene que el individuo sólo puede ser fin, nunca instrumento, el enemigo del hombre no es sólo quien lo reprime sino también quien lo explota para enriquecerse, no sólo quien lo encierra en un campo de concentración sino también el que hace de él una máquina de producir. Pero es verdad que, desde que se instaló en Francia, Camus se ocupó de la opresión política y moral con más insistencia que de esa opresión económica. Ocurre que aquel problema se planteaba para él de una manera más aguda (era, ya lo he dicho, un europeo cuyo material de trabajo era primordialmente la realidad europea), y, también, era el momento en que vivía: frente a la marea creciente de marxismo, de historicismo, de ideologismo, cuando todo se quería reducir al problema social —los años de la postguerra— la obra de Camus se fue edificando como un valeroso contrapeso, poniendo el énfasis sobre todo en aquello que los otros desdeñaban u olvidaban: la moral.

Por otra parte, la experiencia de la miseria se refleja en otro aspecto de su pensamiento. De ella deriva, quizá, su predisposición hacia la vida natural, hacia cierta frugalidad de costumbres, su desprecio del lujo, el relente estoico que tiene su filosofía. Pero, en todo caso, de esa experiencia nace una convicción que, en el prefacio de *L'envers et l'endroit*, expresó así: *"La miseria me impidió creer que todo está bien bajo el sol y la historia; el sol me enseñó que la historia no lo es todo."* Es decir, le dio conciencia de que la injusticia económica impide aceptar el mundo tal como es, exige cambiarlo, pero, al mismo tiempo, le hizo saber que el hombre es algo más que una fuerza de trabajo y la menuda pieza de un mecanismo social, que cuando estos problemas se han resuelto hay todavía una dimensión importante de la vida que no ha sido tocada, y tan importante como aquella. La privación de bienes materiales, la insolvencia física, no es un obstáculo según Camus para que el hombre disfrute de ciertos privilegios —como la belleza y el mundo natural—, ni para que se atrofien en él o desparezcan el gusto de la libertad y la aptitud para vivir con honor, es decir para no mentir. (Es un punto en que me siento en desacuerdo con él, y el único rincón de su pensamiento en que se puede encontrar una notoria coincidencia con el cristianismo.) Pero no hay duda que creyó esto profundamente pues lo afirmó de manera explícita. En 1944 escribió: *"Europa es hoy día miserable y su miseria es la nuestra. La falta de riquezas y de herencia material, nos da tal vez una libertad en la que podremos entregarnos a esa locura que se llama la verdad."* Y cuatro años más tarde, a Emmanuel d'Astier le dijo: *"No he aprendido la libertad en Marx. Es cierto: la aprendí en la miseria."*

Por otra parte, conviene tener presente que este crítico severo de las revoluciones planificadas por la ideología, fue un rebelde y que su pensamiento legitima totalmente, por razones morales, el derecho del hombre a rebelarse contra la injusticia. ¿Qué diferencia hay, pues, entre revolución y rebeldía? ¿Ambas no desembocan acaso inevitablemente en la violencia? El revolucionario es, para Camus, aquel que pone al hombre al servicio de la ideas, el que está dispuesto a sacrificar al hombre que vive por el hombre que vendrá, el que hace de la moral una técnica gobernada por la política, el que prefiere la justicia a la vida y el que se cree en el derecho de mentir y de matar en función del ideal. El rebelde puede mentir y matar pero sabe que no tiene derecho de hacerlo y que el hacerlo amenaza su causa, no admite que el mañana tenga privilegios sobre el presente, justifica los fines con los medios y hace que la política sea una consecuencia de una causa superior: la moral. Esta "utopía relativa" ¿resulta a simple vista demasiado remota? Tal vez sí, pero ello no la hace menos deseable, y sí más digna que otros modelos de acción contemporánea. Que éstos triunfen más rápido no es una garantía de su superioridad, porque la verdad de una empresa humana no puede medirse por razones de eficacia. Pero si se puede cuestionar la puntillosa limitación que para la acción rebelde propone Camus, no se puede desconocer —como lo hace, por ejemplo Gaëtan Picon, tan estimable crítico en otras ocasiones, cuando lo acusa de haber predicado una filosofía de la no intervención— que fue, en la teoría y en la práctica, un anti-conformista, un impugnador de lo establecido. Uno de sus reproches más enérgicos contra el cristianismo fue, precisamente, que sofocaba el espíritu de rebeldía pues hacía una virtud de la resignación. En el primer volumen de *Actuelles* llegó a estampar esta frase tan dura: *"El cristianismo, en su esencia, es una doctrina de la injusticia (y en ello reside su paradojal grandeza). Está fundado en el sacrificio del inocente y en la aceptación de ese sacrificio. La justicia, por el contrario —y acaba de demostrarlo París, en sus noches iluminadas con las llamas de la insurrección— es inseparable de la rebeldía."*

Pertenecer a esa minoría de *pieds noirs*, cuando

estalló el movimiento de liberación argelino, fue
motivo de un terrible desgarramiento para Camus.
El, que había luchado desde el año 39 contra la injusticia y la discriminación de que eran víctimas los
argelinos, intentó, durante un tiempo, defender una
tercera posición imposible —la de una federación en
la que ambas comunidades, la europea y la musulmana,
tendrían una ancha autonomía— que rechazaban por
igual unos y otros, y la orfandad de su posición que-
dó en evidencia, en 1959, cuando fue recibido con
gritos hostiles por los *pieds noirs* de Argel que
lo consideraban un traidor a su causa (en tanto que
los rebeldes lo acusaban de colonialista). Luego optó
por el silencio. Aunque no aprobaba el terrorismo
ni de unos ni de otros es posible que, en su fuero íntimo, admitiera que la independencia era la única salida justa del drama. Pero ocurre que esta justicia no
podía realizarse sin que se cometiera, al mismo tiempo, una injusticia parcial, que lo tocaba en lo más íntimo: al tiempo que los musulmanes ganaban una
patria, los *pieds noirs* perdían la que había sido la
suya desde hacía más de un siglo. Es decir, éstos paga-
ban en cierto modo la factura de un sistema colonial
cuyos beneficiarios principales no habían sido los
pobres diablos de Belcour o de Bab-el-Oued (como
su padre o su madre) sino los grandes industriales y
comerciantes de la metrópoli. Este drama, que hizo
tanto daño a Camus, creo que, a la larga, sin embargo,
le fue provechoso y que la intuición de él dejó una
impronta en su pensamiento. Hizo de él un hombre
particularmente alerta y sensible a la existencia de
las minorías, de los grupos marginales, cuyos dere-

chos a la existencia, a la felicidad, a la palabra, a la libertad defendió por eso con tanta o incluso más vehemencia que la de las mayorías. En este tiempo, en que, un poco en todas partes, vemos a las minorías —religiosas, culturales, políticas— amenazadas de desaparición o empeñadas en un combate difícil por la supervivencia, hay que destacar la vigencia de esta posición. No hay duda que, así como en el pasado libró batallas por los kabilas de Argelia o los grupos libertarios de Cataluña, hoy, en nuestros días, los vascos de España, los católicos de Irlanda del Norte o los kurdos del Irak, hubieran tenido en él a un decidido valedor.

Quiero terminar refiriéndome a un aspecto de las opiniones de Camus en que me hallo muy cerca de él. Me parece también de actualidad, en este tiempo en que la inflación del Estado, ese monstruo que día a día gana terreno, invade dominios que se creían los más íntimos y a salvo, suprimiendo las diferencias, estableciendo una artificiosa igualdad (eliminando, como Calígula, las contradicciones), alcanza también a muchos artistas y escritores que, sucumbiendo al espejismo de una buena remuneración y de ciertas prebendas, aceptan convertirse en burócratas, es decir en instrumento del poder. Me refiero a la relación entre el creador y los príncipes que gobiernan la sociedad. Igual que Breton, igual que Bataille, Camus advierte también que existe entre ambos una distancia a fin de cuentas insalvable, que la función de aquél es moderar, rectificiar, contrapesar la de éstos. El poder, todo poder, aun el más democrático y liberal del mundo, tiene en su naturaleza los gérmenes de una voluntad de perpetuación que, si no se controlan y combaten, crecen como un cáncer y culminan en el despotismo, en las dictaduras. Este peligro, en la época moderna, con el desarrollo de la ciencia y la tecnología es un peligro mortal: nuestra época es la época de las dictaduras perfectas, de las policías con computadoras y psiquiatras. Frente a esta amenaza que incuba todo poder se levanta, como David frente a Goliat, un adversario pequeño pero pertinaz: el creador. Ocurre que en él, por razón misma de su oficio, la defensa de la libertad es no tanto un deber moral como una necesidad física, ya que la libertad es requisito esencial de su vocación, es decir, de su vida. En *"El destierro de Helena"* Camus escribió: *"El espíritu histórico y el artista quieren, cada uno a su modo, rehacer el mundo. El artista, por una obligación de su naturaleza, conoce los límites que el espíritu histórico desconoce. He aquí por qué el fin de este último es la tiranía en tanto que la pasión del primero es la libertad. Todos aquellos que hoy luchan por la libertad vienen a combatir en última instancia por la belleza."* Y en 1948, en una conferencia en la sala Pleyel, repitió: *"En este tiempo en que el conquistador, por la lógica misma de su actitud, se convierte en verdugo o policía, el artista está obligado a ser un refractario. Frente a la sociedad política contemporánea, la única actitud coherente del artista, a menos que prefiera renunciar al arte, es el rechazo sin concesiones."* Creo que en nuestros días, aquí en América Latina, aquí en nuestro propio país, ésta es una función difícil pero imperiosa para todo aquel que pinta, escribe o compone, es decir aquel que, por su oficio mismo, sabe que la libertad es la condición primera de su existencia: conservar su independencia y recordar al poder a cada instante y por todos los medios a su alcance, la moral de los límites.

Es posible que esta voz de Camus, la voz de la razón y de la moderación, de la tolerancia y la prudencia, pero también del coraje y de la libertad, de la belleza y el placer, resulte a los jóvenes menos exaltante y contagiosa que la de aquellos profetas de la aventura violenta y de la negación apocalíptica, como el Che Guevara o Frantz Fanon, que tanto los conmueven e inspiran. Creo que es injusto. Tal como están hoy las cosas en el mundo, los valores e ideas —por lo menos muchos de ellos— que Camus postuló y defendió han pasado a ser tan necesarios para que la vida sea vivible, para que la sociedad sea realmente humana, como los que aquéllos convirtieron en religión y por los que entregaron la vida. La experiencia moderna nos muestra que disociar el combate contra el hambre, la explotación, el colonialismo, del combate por la libertad y la dignidad del individuo es tan suicida y tan absurdo como disociar la idea de la libertad de la justicia verdadera, aquella que es incompatible con la injusta distribución de la riqueza y de la cultura. Integrar todo ello en una acción común, en una meta única, es seguramente una aventura muy difícil y riesgosa, pero sólo de ella puede resultar esa sociedad que habrá encarnado verdaderamente en este mundo, ese paraíso que los creyentes confían hallar en el otro y donde, como escribió Camus, *"la vida será libre para cada uno y justa para todos"*. Para enrolarse en esa acción y mantenerla hasta la victoria, pese a la enorme incomprensión y hostilidad que uno está expuesto a sufrir desde las trincheras de uno y otro lado, puede ser invalorablemente útil la lectura, la relectura de Camus.

Lima, 18 de mayo de 1975

SARTRE, VEINTE AÑOS DESPUES

El ensayo de Sartre *Situations, II* apareció en Francia a mediados de 1948 y la espléndida traducción de Aurora Bernárdez se publicó en Argentina un par de años más tarde, con el título: *¿Qué es la literatura?* Fue uno de los primeros libros que leí al ingresar a la Universidad, en 1953, y lo releí luego, por partes, muchas veces, mientras militaba en la Fracción Universitaria Comunista, de Cahuide, en busca de argumentos para las ardorosas discusiones que teníamos y en las que siempre discrepaba con mis camaradas sobre el tema cultural. Estoy seguro que este libro de Sartre me empujó a aprender francés y que fue el primero que leí en esta lengua, ayudándome con diccionarios, cuando todavía era alumno de la inolvidable Madame del Solar, de la Alianza Francesa, en una clase llena de muchachas bonitas que se burlaban de mi acento (yo era el único varón). Durante diez años, por lo menos, todo lo que escribí, creí y dije sobre la función de la literatura glosaba o plagiaba a este ensayo. Ahora, después de veinte años, acabo de releerlo, con una mezcla indefinible de nostalgia y asombro.

La poderosa inteligencia de Sartre está siempre allí y apenas se sumerje uno en las páginas amarillentas queda atrapado por esa 'máquina de pensar' que deslumbraba a sus condiscípulos de la Ecole Normale. La aptitud de Sartre para desarrollar una demostración, acumulando argumentos que se refuerzan uno a otro y se arquitecturan en macizos mecanismos racionales que avanzan triturando a todo aquello que los estorba o contradice —en este caso el señor Roger Garaudy, la poesía, el surrealismo, Flaubert, el escritor enrolado en el partido comunista, Bataille, la burguesía, entre otros numerosos individuos, géneros, clases, escuelas e ideas— es, todavía, un espectáculo que hechiza, aun cuando se tenga la sospecha o la certeza de que esa formidable pirotecnia, ese *blitzkrieg* intelectual, encubre sofismas e injusticias.

Algunos análisis, por su riqueza imaginativa y su perfección esférica, resultan poco menos que construcciones poéticas, aunque asociar a Sartre y la poesía, que nunca fueron amigos, resulte aventurado. Es el caso, por ejemplo, de su descripción —en verdad, de su invención— de la literatura medieval como quehacer de un cuerpo de especialistas, *los clérigos*, a quienes la sociedad de los barones encomendó *"producir y conservar la espiritualidad"*. O su visión del clacisismo del XVII, como el ejercicio de una ceremonia en la que al escritor no le corresponde descubrir nuevas ideas, sino dar forma elegante a los lugares comunes de la élite, de modo que la literatura resulta el santo y seña de la aristocracia, aquello que identifica y conforta a sus miembros como representantes de "lo universal". Pero tal vez el análisis más atractivo sea el de los escritores que adoptan, con Flaubert y Baudelaire en el siglo XIX, una posición marginal, antisociable, que se prolonga hasta las primeras décadas del siglo, con el gran tumulto surrealista. Sartre desarrolla con vivacidad y malicia de buen narrador su tesis de que el proceso que va de las teorías del "arte por el arte" hasta Tzara y Breton es uno solo, un esfuerzo por hacer del arte la forma más elevada del consumo "puro" —es decir, de la gratuidad— que nace como respuesta al utilitarismo de la burguesía, la clase para la que nada es un fin en sí mismo.

La brillantez dialéctica, sin embargo, no compensa la principal característica del libro: su feroz arbitrariedad. La poesía queda, de hecho, segregada de la literatura en las primeras páginas, con el argumento de que, como para la actitud poética las palabras *"son cosas y no signos"*, ella no es, propiamente · hablando, 'comunicación' y por lo tanto no puede "comprometerse" socialmente. Pero ni siquiera toda la prosa cabe en la teoría del compromiso, pues el teatro, aunque no está explícitamente exonerado, no aparece casi nunca, y los únicos dramaturgos estudiados (muy de pasada) son los clásicos. Pero, tal vez, la mutilación más atrevida en esta definición de la literatura es la de la irracionalidad, el prescindir por completo de todos aquellos elementos espontáneos —la intuición, el azar, el sueño, lo obsesivo— que acompañan y orientan a la inteligencia en la creación literaria. Hay un supuesto informulado que subyace todas estas páginas y que basta por sí solo para socavar la teoría sartreana del compromiso: que la literatura es un producto exclusivo y excluyente de la razón, que todo en ella es *deliberado*. (No hay duda que en Sartre ha sido eso: es, justamente,

el talón de Aquiles de esa obra en la que, todo lo que
no es ensayo, ha envejecido velozmente).

Si no fuera por los duros ataques al marxismo con-
gelado por la ortodoxia soviética y a la regimentación
castradora que imponía el partido comunista francés a sus escritores, el ensayo de Sartre podría to-
marse por una reformulación vistosa del ingenuo realismo socialista, que, ya para esos años, un marxista
lúcido, Walter Benjamin, había puesto de lado. Como
aquél, el compromiso sartreano pide a la literatura
una justificación *social*, contribuir políticamente
a destruir el orden burgués y al advenimiento del
socialismo. La diferencia es que, para Sartre, el escritor sólo puede llevar a cabo esta misión fuera del
partido comunista ya que éste ha dejado de actuar
revolucionariamente por su sumisión a la URSS.
Para Sartre, como para el realismo socialista, la actualidad es una obligación moral y en última instancia
ambos entienden la literatura como un periodismo
mejor escrito. Por eso dice Sartre que el reportaje
—como los de John Reed en Moscú y de Arthur
Koestler en Málaga— es el género literario de nuestro tiempo.

En 1948, nada de esto era novedoso; las ideas
básicas del "compromiso" venían esporádicamente
resucitando desde los tiempos decimonónicos del
naturalismo y el populismo. Lo que resultaba original, en el ensayo de Sartre, es que estas tesis se ha-
llaban curiosamente entreveradas con ideas mucho
más ricas y que, subterráneamente, las relativizaban
o negaban. Así, por ejemplo, la afirmación de que *"la
literatura es por esencia herejía"* o de que la 'mentira'

es inevitablemente el camino que sigue la verdad para expresarse en la creación o de que todo realismo literario es 'ilusorio', pues supone que se puede describir con imparcialidad lo real en tanto que la percepción es ya de por sí parcial y que nombrar un objeto significa modificarlo. Pero la contradicción más asombrosa, con la esencia de la teoría del compromiso, es la convicción (muy justa) de que la verdadera literatura vale siempre *"más que sus ideas"*.

Con la perspectiva que da el tiempo, uno descubre que la obra creativa del propio Sartre es un rechazo sistemático del "compromiso" que él exige al escritor de su tiempo. Ni sus cuentos de tema rebuscado, perverso y sicalíptico, ni sus novelas de artificiosa construcción influída por Dos Passos, ni siquiera sus obras de teatro —parábolas filosóficas y morales, pastiches ideológicos— constituyen un ejemplo de literatura que quiere romper el círculo de lectores de la burguesía y llegar a un auditorio obrero, ni hay nada en ellos que, por sus anécdotas, técnicas o símbolos, trascienda el ejemplo de los escritores del pasado remoto o reciente y funde lo que él llama *la literatura de la praxis*.

Casi al mismo tiempo que publicaba este libro, Sartre dejó de escribir novelas, y, aunque siguió escribiendo teatro, lo hizo de manera cada vez más desganada. Es imposible no ver en esta deserción de los géneros creativos, una sutil y trágica autocrítica de las ideas de *Situations, II*: ellas, por arbitrarias que sean en su explicación del fenómeno literario, forman parte de la literatura. Pero hacer literatura genuina *a partir de ellas* era, pura y simplemente, imposible.

Lima, diciembre, 1978

EL MANDARIN

I

Entre los escritores de mi tiempo, dos son los que preferí sobre todos los otros y a los que mi juventud debe más. Uno de ellos —Faulkner— estaba bien elegido; es el autor que cualquier aspirante a novelista debería conocer, pues su obra es probablemente la única suma novelesca contemporánea comparable, en número y calidad, a la de los grandes clásicos. El otro —Sartre— lo estaba menos: es improbable que su obra creativa vaya a durar y, aunque tuvo una inteligencia prodigiosa y fue, hechas las sumas y las restas, un intelectual honesto, su pensamiento y sus tomas de posición erraron más veces que acertaron. De él se puede decir lo que dijo Josep Pla de Marcuse: que contribuyó, con más talento que nadie, a la confusión contemporánea.

Lo leí por primera vez en el verano de 1952, cuando trabajaba de redactor en un periódico. Es la única época en que he hecho eso que muchas gentes creen todavía que hacen los escritores: vida bohemia. Al cerrar la edición, tarde en la noche, la fauna periodística se precipitaba a las cantinas, las *boites* de mala muerte, los burdeles, y eso, para un muchacho de quince años, parecía una gran aventura. En realidad, la verdadera aventura comenzó uno de esos amaneceres tabernarios cuando mi amigo Carlos Ney Barrionuevo me prestó *El muro*. Estos cuentos, con *La náusea*, las piezas de teatro —*Las moscas, Huis clos, La prostituta respetuosa, Las manos sucias*—, los primeros tomos de *Los caminos de la libertad* y los ensayos de Sartre nos descubrieron, a muchos, a comienzos de los años cincuenta, la literatura moderna.

Han envejecido de manera terrible; hoy se advierte que había en esas obras escasa originalidad. La incomunicación, el absurdo, habían cuajado, en Kafka, de manera más trémula e inquietante; la técnica de la fragmentación venía de John dos Passos y Malraux había tratado temas políticos con una vitalidad que no se llega a sentir ni siquiera en el mejor relato de esta índole que Sartre escribió: *La infancia de un jefe*.

¿Qué podían darle esas obras a un adolescente latinoamericano? Podían salvarlo de la provincia, inmunizarlo contra la visión folklórica, desencantarlo de esa literatura colorista, superficial, de esquema maniqueo y hechura simplona —Rómulo Gallegos, Eustasio Rivera, Jorge Icaza, Ciro Alegría, Güiraldes, los dos Arguedas, el propio Asturias de después de *El señor presidente*— que todavía servía de modelo y que repetía, sin saberlo, los temas y maneras del naturalismo europeo importado medio siglo atrás. Además de impulsarlo a uno a salir del marco literario regionalista, leyendo a Sartre uno se enteraba, aunque fuera de segunda mano, que la narrativa había sufrido una revolución, que su repertorio de asuntos se había diversificado en todas direcciones y que los modos de contar eran, a la vez, más complicados y más libres. Para entender lo que ocurría en *La edad de la razón, El aplazamiento* o *La muerte en el alma*, por ejemplo, no había otro remedio que darse cuenta de lo que era un monólogo interior, saber diferenciar los puntos de vista del narrador y de los personajes, y acostumbrarse a que una historia cambiara de lugar, de tiempo y de nivel de realidad (de la conciencia a los hechos, de la mentira a la verdad) con la velocidad con que cambiaban las imágenes en una película. Uno aprendía, sobre todo, que la relación entre un narrador y un personaje no podía ser, como antaño, la del titiritero y su muñeco: era preciso volver invisibles esos hilos bajo pena de incredulidad del lector. (Por no haberse preocupado de ocultarlos, Sartre ejecutaría a François Mauriac en un ensayo, enviando sus novelas adonde correspondía: el pasado).

Sartre podía, también, salvarlo a uno del esteticismo y el cinismo. Gracias a Borges la literatura de nuestra lengua adquiría, en esos años, una gran sutileza de invención, una originalidad extraordinaria. Pero, como influencia, el genio de Borges podía ser homicida: producía borgecitos, mimos de sus desplantes gramaticales, de su erudición exótica y de su escepticismo. Descreer le había permitido a él crear una obra admirable; a quienes aprendían de Borges a creer en los adjetivos y a dudar de todo lo demás, la experiencia podía resultarles inhibidora e inducirlos al arte menor o al silencio. Menos artista que él, con una visión de la literatura más pobre que la de Borges, Sartre, sin embargo, podía ser más estimulante si uno se impregnaba de su convicción de que la literatura no podía ser nunca un juego, de que, por el contrario, escribir era la cosa más seria del mundo.

Las limitaciones que Sartre podía transmitir eran,
de todos modos, abundantes. Una de ellas: enemis-
tar al discípulo contra el humor, hacerle sentir que
la risa estaba prohibida en una literatura que aspirase
a ser profunda. No lo dijo nunca, pero no hacía falta:
sus cuentos, novelas, dramas eran mortalmente
graves. Otra, más seria: desinteresarlo de la poesía,
que a Sartre nunca le gustó y que tampoco entendió.
Es algo que descubrí en la época de mayor sujeción a
su influjo, al darme cuenta que en sus ensayos sobre
Baudelaire o sobre la poesía negra, citaba los versos
como si fueran prosa, es decir únicamente por los
conceptos racionales que expresaban. Esta incomprensión de la poesía hizo que fuera injusto con el
surrealismo, en el que no vio otra cosa que una ma-
nifestación estridente de iconoclasia burguesa y que
desdeñara el impacto que tuvo el movimiento en el
arte y la sensibilidad de nuestro tiempo. Pero, tal vez
lo más limitante, provenía de que la ficción de Sartre
carece de misterio: todo en ella está sometido al go-
bierno —en este caso, dictadura— de la razón. No
hay arte grande sin una cierta dosis de sinrazón,
porque el gran arte expresa siempre la totalidad humana, en la que hay intuición, obsesión, locura y fantasía a la vez que ideas. En la obra de Sartre el hombre
parece exclusivamente compuesto de estas últimas.
Todo en sus personajes —incluídas las pasiones— es
un epifenómeno de la inteligencia. Como la suya
era tan poderosa —se lo comparó, con justicia, a una
máquina de pensar— consiguió escribir, partiendo
sólo de ideas, narraciones y dramas que, en un primer momento, resultaban atractivos por su poder

razonante, por el vigor del intelecto que se movía
en ellos. A la distancia, se diluían y la memoria no
retenía gran cosa de esas ficciones, narrativas o teatrales, porque la literatura de creación que prevalece
es aquella en la que las ideas encarnan en las conductas y los sentimientos de los personajes, en tanto
que, en su caso, sucedía al revés: las ideas devoraban
la vida, desencarnaban a las personas, el mundo parecía un mero pretexto para formularlas. Eso determi-
na que, pese a su voluntarioso arraigo en la problem-
mática de su época —la esencia de su teoría del compromiso— sus novelas y su teatro nos parezcan ahora
irreales.

Sin embargo, hay en su literatura una vena lateral,
escurridiza, que parece salida de un centro profundo y estar allí como a pesar de la aplastante racio-
nalidad. Una vena malsana, provocativa, escandalosa,
que se manifiesta en temas y personajes —caballeros
y damas que prefieren masturbarse a hacer el amor,
o que sueñan con castrarse, hermanos semiincestuo-
sos, individuos que cultivan la paranoia con ardor—
pero, sobre todo, en un lenguaje de una acidez en-
fermiza. Sartre dijo que sus personajes molestaban
porque eran demasiado lúcidos, pero eso no es verdad,
pues los de Malraux también lo son y no molestan.
Lo incómodo en ellos es que no saben gozar, que care-
cen de entusiasmos, de ingenuidad, que nunca ceden a
simples impulsos, que no son irresponsables ni
cuando duermen, que reflexionan en exceso. Los
salva de ser meras entelequias y los hace humanos
el hecho de que casi siempre tengan vicios, que sean
espíritus tortuosos, orientados al lado negro de las

cosas. Un lector predispuesto, leyendo las ficciones de Sartre, podía intuir que, en contra de aquello que el maestro intentaba hacer, era absolutamente imposible evitar que en la literatura comparecieran experiencias que, en todos los otros órdenes de la vida social, los hombres ignoran o niegan que existan.

II

El ensayo es el género intelectual por excelencia y fue en él, naturalmente, que esa máquina de pensar que era Sartre descolló. Leer sus ensayos era siempre una experiencia fuera de serie, un espectáculo en el que las ideas tenían la vitalidad y la fuerza de los personajes de una buena novela de aventuras. Había en ellos, por lo demás, una cualidad infrecuente: cualquiera que fuera su tema iban derechamente a lo esencial. Lo esencial, es decir los problemas que acosan a aquel que sale de la confortable ceguera de la niñez y empieza a dudar, a preguntarse qué hace en el mundo, qué sentido tiene la vida, qué es la historia y cómo se decide el destino de los individuos.

Sartre proponía respuestas a estas preguntas más racionales y persuasivas que las de la religión y menos esquemáticas que las del marxismo. Si sus tesis eran ciertas, es otra cuestión; ahora sé que no eran tan originales como entonces nos parecían a tantos. Lo importante es que eran útiles: nos ayudaron a organizar nuestras vidas, fueron una guía valiosa en los laberintos de la cultura y la política y hasta en los asuntos más privados del trabajo y la familia.

La libertad es el eje de la filosofía sartreana. El hombre, desde que viene al mundo, está enteramente librado a sí mismo, es un proyecto permanente que se va realizando según la manera como él elige entre las diarias, múltiples opciones que debe enfrentar (todas ellas: las importantes y las triviales). El hombre siempre es libre de elegir —la abstención es, por supuesto, una elección— y por eso es responsable de los errores y aciertos que componen su vida, de sus dosis de miseria y de dicha. El hombre no es una esencia inmutable (un 'alma') que precede y continúa a su trayectoria carnal, es una existencia que, a medida que se hace en el tiempo y en la historia, va constituyendo su propia e intransferible esencia. Existen los hombres, no la 'naturaleza' humana.

Que el hombre sea dueño de su destino no significa, por supuesto, que todos los seres pueden elegir su vida en igualdad de condiciones, entre opciones equivalentes. La 'situación' de un obrero, de un judío, de un millonario, de un enfermo, de un niño, de una mujer, son distintas y eso implica un abanico de alternativas totalmente diferentes para cada cual, en todos los dominios de la experiencia. Pero, en todos los casos, aun en el de los más desvalidos, en el de las peores víctimas, siempre es posible elegir entre conductas distintas, y cada elección supone un proyecto humano general, una concepción de la sociedad, una moral.

Los mejores ensayos de Sartre —quemaban las manos, las noches resultaban cortas leyéndolos— son aquellos donde describe, justamente, cómo eligieron sus vidas, dentro de la situación particular

que fue la suya, ciertos hombres geniales, como Baudelaire, o terribles, como Jean Genet, o abnegados,
como Juan Hermanos, Henry Martin o Henry Alleg.
O aquellos, como *Reflexiones sobre la cuestión judía*,
en los que a través de un caso concreto —el del antisemitismo— exponía su concepción de la relación
humana, esa temible interdependencia condensada
en una célebre frase de *Huis clos: "El infierno, son
los otros"*. El 'otro' es una proyección de uno mismo,
alguien al que vemos de determinada manera y al que
de este modo constituímos como tal. Son los prejuicios del no-judío los que crean al judío, el blanco el
que crea al negro, el hombre el que ha creado a la
mujer. Los 'otros' nos hacen y rehacen continua-
mente y eso es lo que hacemos con ellos también. La
libertad de ciertos hombres —grupos o clases—,
dotada de cierto poder, les ha permitido reducir o
distorsionar la de otros, condicionándolos a determi-
nadas funciones que estos mismos han terminado por
asumir como una condición esencial. Pero esto es
una mentira, no hay funciones 'esenciales': ser colo-
nizador o colonizado, obrero o patrón, blanco o negro, hombre o mujer, son 'situaciones', hechos fra-
guados históricamente y por lo tanto transformables.

Estas ideas ocupaban centenares de páginas y —en
el libro o en el artículo— estaban siempre magistral-
mente desarrolladas, matizadas, ilustradas, con una
prosa maciza, ríspida, tan densa a ratos que uno sentía
que le faltaba la respiración. Las bestias negras eran
le tricheur y *le salaud* (el tramposo y el sucio), es
decir el que trampeaba a la hora de elegir, buscándose
coartadas morales para su cobardía o su vileza, y el

que se 'comprometía' mal, optando por la injusticia.

Ahora resulta claro, para mí, que la famosa teoría sartreana del *compromiso*, si uno escarbaba hasta el fondo, era bastante confusa, pero en los años cincuenta nos parecía luminosa. Su mérito mayor era, entonces, que a un joven con vocación literaria y que había descubierto los problemas sociales, le suministraba una salida que parecía responsable desde el punto de vista político pero que no lo emasculaba intelectualmente, que era lo que ocurría a menudo con los que elegían la otra teoría entonces a la mano: el realismo socialista. El 'compromiso' consistía en asumir la época que uno vivía, no las consignas de un partido; en evitar la gratuidad y la irresponsabilidad a la hora de escribir pero no en creer que la función de la literatura podía ser divulgar ciertos dogmas o convertirse en pura propaganda; en mantener las dudas y en afirmar la complejidad del hecho humano aun en aquellas situaciones extremas —como las del racismo, el colonialismo y la revolución— en las que la frontera entre lo justo y lo injusto, lo humano y lo inhumano, parecía nítidamente trazada.

La teoría del compromiso, aplicada a la literatura, se podía interpretar en dos sentidos distintos y Sartre así lo hizo, de manera alternada, según sus cambios políticos y preferencias intelectuales del momento. En un sentido amplio, todo escritor con talento resultaba comprometido, pues la 'época', el 'tiempo', es una noción tan vasta que todos los temas imaginables pueden caber en ella, siempre que se relacionen de algún modo con la experiencia humana (y en literatura siempre se relacionan). Así, Sartre pudo, en ciertos momentos, 'comprometer' a creadores tan evasivos como Mallarmé, Baudelarie, Francis Ponge o Nathalie Sarraute. Esto generalizaba de tal modo la idea de 'compromiso' que ya no era un concepto esclarecedor y operativo. En un sentido estricto, comprometerse significaba hacerlo políticamente, participar en el combate social de la época a favor de aquellas acciones, clases, ideas que representaban el progreso. Para un escritor este combate debía ser simultáneamente el del comportamiento ciudadano y el de la pluma, pues ésta, bien usada, era un arma: *"las palabras son actos"*.

En su sentido amplio, el 'compromiso' era una fórmula que abarcaba tanto —toda la literatura— que ya no abarcaba nada. En su sentido restrictivo, dejaba fuera de la literatura a un enorme número de escritores que habían sido indiferentes a la realidad política (como Proust, Joyce y Faulkner) o que habían elegido 'mal' (como Balzac, Dostoiewsky y Eliot) y volvía importantes a escritores que habían elegido bien pero que eran mediocres creadores (como Paul Nizan). Nada ilustra mejor la inoperancia de la teoría del compromiso como lo que le ocurrió a Sartre con Flaubert. En 1946 lo atacó con dureza, acusándolo de ser responsable de los crímenes que cometió la burguesía contra los comuneros de París *"por no haber levantado la pluma para condenarlos"*. ¿Significaba eso que ser un escéptico en política era un obstáculo para escribir una gran obra literaria? Para probar que era así, Sartre comenzó a escribir un libro que le tomaría un cuarto de siglo —el gigantesco e inconcluso *El idiota de la familia*— y en el curso del cual no sería Flaubert sino la teoría del compromiso la que quedaría desbaratada, por el propio Sartre, al concluir que el autor de *Madame Bovary* fue el mejor escritor de su tiempo y quien fundó, con Baudelaire, la sensibilidad moderna.

Porque aunque se equivocó muchas veces, Sartre tuvo el coraje de contradecirse y rectificarse cuantas veces creyó que había errado.

III

Hasta la posguerra Sartre fue apolítico. El testimonio de sus compañeros de la Ecole Normale, de sus alumnos del Liceo de Le Havre donde enseñó y de Simone de Beauvoir sobre los primeros años de amistad, en la década del treinta, perfilan la imagen de un joven al que la pasión intelectual absorbe todo su tiempo: la filosofía, primero, —estuvo becado en Berlín y descubrir la fenomenología de Husserl y el pensamiento de Heidegger fue decisivo en su vida— e, inmediatamente después, la literatura.

La guerra cambió a este hombre de treinta y cinco años que, según confesión propia, *"hasta 1940 carecía de opiniones políticas y ni siquiera votaba"*. Enrolado en el Ejército, capturado durante la invasión, estuvo unos meses en un campo de prisioneros del que salió conquistado por la inquietud política. Pero, aunque formó parte de grupos intelectuales de la resistencia, todavía en los años de la ocupación esta nueva preocupación no se manifiesta de manera explícita en lo que publica *(Lo imaginario, El ser y la nada, Huis clos,* los ensayos literarios) salvo, quizás, en *Las moscas,* pieza teatral en la que se ha visto, algo elásticamente, una alegoría contra el absolutismo. (Malraux recordaría una vez, con crudeza: "Mientras yo me batía contra los nazis, Sartre hacía representar sus piezas en París, aprobadas por la censura alemana").

La actividad política de Sartre comienza, en verdad, a la Liberación, con la fundación de *Les temps modernes,* en octubre de 1945. Se lanzó a ella con ímpetu, ella condicionaría todo lo que en adelante escribió, pero, paradójicamente, sus declaraciones, manifiestos y gestos tendrían, a la larga, más notoriedad y acaso eficacia en el campo político, que las obras de aliento intelectual que le inspiró. Quiero decir que, por ejemplo, así como su actitud pública en favor de la independencia de Argelia indujo a muchos jóvenes franceses a militar contra el colonialismo, pocos, en cambio, leyeron *La crítica de la razón dialéctica,* ambicioso esfuerzo para desesquematizar el marxismo y revitalizarlo con aportes de la filosofía existencialista que no tuvo eco alguno, y menos que en nadie en aquellos a quienes iba dirigido: los intelectuales marxistas.

Es difícil hacer un balance del pensamiento y la historia política de Sartre a lo largo de estos treinticinco años, por su proximidad y complejidad. Decir que estuvo lleno de contradicciones, que su apasionamiento lo llevó a menudo a ser injusto, que, al mismo tiempo, hubo siempre en sus actitudes e ideas una generosidad y una rectitud moral básicas que lo hacían, aun en sus equivocaciones o ingenuidades políticas, respetable, y que su genio dialéctico fue en este caso un arma de doble filo pues le permitía revestir de fuerza de persuasión y apariencia de verdad a todo lo que sostenía e incluso a sus úcases (como el célebre: *"Todo anticomunista es un perro"*), es quizá cierto, pero insuficiente. En su caso la totalidad valdrá siempre más que cualquier síntesis.

Nadie pudo cuestionar nunca el desinterés y la limpieza con que asumió todas sus posiciones. Estas fueron coherentes y consistentes en algunos temas, como el anticolonialismo, por el que combatió con gran coraje, cuando Indochina aún era francesa y cuando casi nadie en la izquierda europea se atrevía a pronunciarse a favor de la independencia de las colonias norafricanas o del Africa negra. Fue coherente y lúcido, también, en su empeño por entender al Tercer Mundo y combatir el eurocentrismo, por mostrar a los franceses que el africano, el asiático, el latinoamericano eran mundos en fermentación, parte de cuyas miserias provenían de las antiguas potencias colonizadoras o de las neocolonizadoras del presente y cuyas culturas merecían ser conocidas y respetadas. (Muchos años antes de que el Tercer Mundo se pusiera de moda, *Les Temps Modernes* dedicaba artículos a los problemas de estos países y yo recuerdo, por ejemplo, haber descubierto en sus páginas, en 1954 o 1955, la existencia del cubano Alejo Carpentier).

Pero estos son aspectos laterales del quehacer político de Sartre. El central fue la convicción, que hizo suya a la Liberación y que lo acompañó hasta la muerte, de que el socialismo es la única solución a los problemas sociales y que el intelectual tiene el deber de trabajar por esa solución. 'Socialismo' en nuestros días quiere decir cosas varias y distintas y, a lo largo de su vida, Sartre estuvo a favor de las diversas variantes, incluída, al final de sus días, la social-democracia escandinava a la que, después de tantos años de denostar contra el despreciable reformismo burgués, reconoció haber ido más lejos que ningún otro sistema en conciliar la justicia social y la libertad del individuo.

Prosoviético, prochino, castrista, simpatizante trotsquista o protector de los guerrilleros urbanos, nunca se inscribió, sin embargo, en el partido comunista. Fue siempre lo que se llamó 'un compañero de viaje'. En su caso esto no significó, como en el de otros intelectuales, docilidad oportunista, pérdida de la independencia, convertirse en mero instrumento. El, llegado el momento, tomaba distancias y criticaba con dureza al partido o a la URSS, como cuando la intervención en Checoslovaquia o el juicio contra Siniavski y Daniel. Por esas tomas de distancia recibió de los comunistas los ataques más feroces que se escribieron contra él, pese a que pasó buena parte de su vida política haciendo intrépidos esfuerzos intelectuales y morales para, no siendo uno de ellos, no parecer nunca que estaba en contra de ellos. Esta dramática posición —que define al intelectual progresista de los años cincuenta y sesenta— la formuló él así, en un ensayo de 1960: *"La colaboración con el Partido Comunista es a la vez necesaria e imposible"*.

¿Por qué necesaria? Porque el socialismo es la única respuesta radical a los problemas humanos y porque la lucha por el socialismo la encarna el partido de la clase obrera. ¿Por qué imposible, entonces? Porque, aunque el marxismo es *"la insuperable filosofía de nuestro tiempo"*, el partido comunista es dogmático, atado de pies y manos a la política de la URSS, y porque en este país, aunque es la patria del socialismo y *"el único gran país donde la palabra progreso tiene sentido"*, se han producido deformaciones ideológicas profundas que hacen que, bajo el nombre del socialismo, se cometan abusos, injusticias e incluso grandes crímenes.

Si esto suena a caricatura, se debe a mi torpeza, no a mi intención. Porque éste es, ni más ni menos, el desesperante dilema que —con la fulgurante inteligencia de siempre— desarrolló Sartre, a lo largo de sus ensayos políticos de por lo menos veinte años, en *Los comunistas y la paz, El fantasma de Stalin*, innumerables artículos y en sus polémicas con aquellos que fueron sus amigos y aliados y que, por no poder seguirlo en todos los meandros cotidianos a que lo empujaba esta dificilísima posición, rompieron con él: Camus, Aron, Etiemble, Koestler, Merlau-Ponty y tantos otros de nombre menos ilustre.

Al cabo de los años, es este dilema lo que más trabajo cuesta perdonarle. Que, a quienes admirábamos tanto su poder intelectual, nos convenciera, con argumentos racionales que él sabía hacer irrebatibles, de algo que era, pura y simplemente, un acto de fe. O, para usar su terminología, de "mala fe". Que nos hiciera creer, a quienes en buena parte gracias a él nos habíamos librado de la Iglesia y de Roma y de las verdades únicas, que había otra verdad única,

y otra Iglesia y otra Roma de las que era preciso ser
críticos, y a ratos muy severos, pero a sabiendas que
fuera de ellas no había salvación moral o política ver-
daderas y que no quedaba por lo tanto otro remedio,
para seguir siendo un 'progresista', que vivir con la
conciencia de un réprobo.

IV

Para los lectores futuros será tan difícil tener una
idea cabal de lo que Sartre significó en esta época,
como para nosotros entender exactamente lo que
representaron en la suya Voltaire, Victor Hugo
o Gide. El, igual que ellos, fue esa curiosa institución francesa: el mandarín intelectual. Es decir, alguien que ejerce un magisterio más allá de lo que
sabe, de lo que escribe y aun de lo que dice, un hombre
al que una vasta audiencia confiere el poder de legis-
lar sobre asuntos que van desde las grandes cuestiones
morales, culturales y políticas hasta las más triviales.
Sabio, oráculo, sacerdote, mentor, caudillo, maestro,
padre, el mandarín contamina su tiempo con ideas,
gestos, actitudes, expresiones, que, aunque original-
mente suyos, o a veces sólo percibidos como suyos,
pasan luego a ser propiedad pública, a disolverse
en la vida de los otros.

(El mandarinato es típicamente francés, porque,
aunque en otros países haya habido ocasionalmente
figuras que ejercían esta función —como Ortega y
Gasset en España y Tolstoi en Rusia—, en Francia,
por lo menos desde el siglo XVIII, toda la vida

intelectual ha discurrido de este modo, rotando en torno a escritores que eran a la vez pontífices de la sensibilidad, el gusto y los prejuicios).

Será difícil, para los que conozcan a Sartre sólo a través de sus libros, saber hasta qué punto las cosas que dijo, o dejó de decir, o se pensó que podía haber dicho, repercutían en miles de miles de personas y se tornaban, en ellas, formas de comportamiento, 'elección' vital. Pienso en mi amigo Michael, que ayunó y salió semidesnudo al invierno de París hasta volverse tuberculoso para no ir a pelear en la "sucia guerra" de Argelia, y en mi buhardilla atiborrada de propaganda del FLN argelino que escondí allí porque "había que comprometerse". Por Sartre nos tapamos los oídos para no escuchar, en su debido momento, la lección política de Camus, pero, en cambio, gracias a Sartre y a *Les Temps Modernes* nos abrimos camino a través de la complejidad del caso palestino-israelí que nos resultaba desgarrador. ¿Quién tenía la razón? ¿Era Israel, como sostenía buena parte de la izquierda, una simple hechura artificial del imperialismo? ¿Había que creer que las injusticias cometidas por Israel contra los palestinos eran moralmente idénticas a las cometidas por los nazis contra los judíos? Sartre nos salvó del esquematismo y la visión unilateral. Es uno de los problemas en que su posición fue siempre consistente, lúcida, valerosa, esclarecedora. El entendió que podía haber dos posiciones igualmente justas y sin embargo contradictorias, que tanto palestinos como israelíes fundaban legítimamente su derecho a tener una patria y que, por lo tanto, había que defender la tesis —que parecía entonces imposible, pero que ahora, gracias a Egipto, ya no lo parece tanto— de que el problema sólo se resolvería cuando Israel consintiera en la creación de un Estado palestino y los palestinos, por su parte, reconocieran la existencia de Israel.

Mi decepción con Sartre ocurrió en el verano de 1964, al leer un reportaje que le hacía *Le Monde*, en el que parecía abjurar de todo lo que había creído —y nos había hecho creer— en materia de literatura. Decía que frente a un niño que se muere de hambre *La náusea* no sirve de nada, no vale nada. ¿Significaba ésto que escribir novelas o poemas era algo inútil, o, peor, inmoral, mientras hubiera injusticias sociales? Al parecer, sí, pues en el mismo reportaje aconsejaba a los escritores de los nuevos países africanos que renunciaran a escribir por el momento y se dedicaran más bien a la enseñanza y otras tareas más urgentes, a fin de construir un país donde más tarde fuera posible la literatura.

Recuerdo haber pensado, repensado, vuelto a pensar en ese reportaje, con la deprimente sensación de haber sido traicionado. Quien nos había enseñado que la literatura era algo tan importante que no se podía jugar con ella, que los libros eran actos que modificaban la vida, súbitamente nos decía que no era así, que, a fin de cuentas, no servía de gran cosa frente a los problemas serios; se trataba de un lujo que se podían permitir los países prósperos y justos, pero no los pobres e injustos, como el mío. Para esa época ya no había argumento capaz de librarme de la literatura, de modo que el reportaje sirvió más bien para librarme de Sartre: se rompió el hechizo, ese

vínculo irracional que une al mandarín con sus se-
cuaces. Me acuerdo muy bien de la consternación que
significó darme cuenta de que el hombre más inteligente del mundo podía también —aunque fuese
en un momento de desánimo— decir tonterías. Y,
en cierta forma, era refrescante, después de tantos
años de respetuoso acatamiento, polemizar mental-
mente con él y desbaratarlo a preguntas. ¿A partir de
qué coeficiente de proteínas per capita en un país era
ya ético escribir novelas? ¿Qué índices debían alcanzar la renta nacional, la escolaridad, la mortalidad, la
salubridad, para que no fuera inmoral pintar un cua-
dro, componer una cantata o tallar una escultura?
¿Qué quehaceres humanos resisten la comparación
con los niños muertos más airosamente que las novelas? ¿La astrología? ¿La arquitectura? ¿Vale más
el Palacio de Versailles que un niño muerto? ¿Cuán-
tos niños muertos equivalen a la teoría de los quanta?

Luego de la polémica que provocaron sus declaraciones, Sartre las suavizó y enmendó. Pero, en el fondo,
reflejaban algo que sentía: su desilusión de la literatura. Era bastante comprensible, por lo demás. Pero
la culpa la tenía él, que le había pedido a la literatura cosas que no estaban a su alcance. Si uno piensa que una novela o un drama van a resolver los problemas sociales de manera más o menos visible, inmediata, concreta, lo probable es que termine desen-
cantado de la literatura, o de cualquier actividad artística, pues el efecto social de una obra de arte es
indirecto, invisible, mediato, dificilísimo siempre de
medir. ¿Significa ésto que no *sirvan*? Aunque no se
pueda demostrar como se demuestra un teorema, sí

sirven. Yo sé que mi vida hubiera sido peor, sin los libros que escribió Sartre.

Aunque a la distancia, y con cierto despecho que nunca acabó de disiparse, el interés por todo lo que él decía, hacía o escribía, siempre se mantuvo. Y probablemente, como ha debido ocurrirles a todos los que de una manera u otra fueron influídos por él, en cada polémica, crisis, ruptura, nunca dejé, para saber si había procedido bien o mal, de pensar en Sartre. Recuerdo la alegría que me dio estar sentado a su lado, en la Mutualité, en 1967, en una actuación en favor de la libertad de Hugo Blanco, y la tranquilidad moral que fue saber, cuando el llamado "caso Padilla", que él y Simone de Beauvoir habían sido los primeros en Francia en firmar nuestro manifiesto de protesta.

Con él se ha muerto una cierta manera de entender y de practicar la cultura que fue una característica mayor de nuestro tiempo; con él se acaba un mandarinato que acaso sea el último, pues los mandarines de su generación que lo sobreviven son muy académicos o muy abstrusos y de séquitos muy escuálidos y en las generaciones más jóvenes no hay nadie que parezca capaz de llenar ese impresionante vacío que deja.

Alquien me ha dicho que estas notas que he escrito sobre él son más ácidas que lo que cabía esperar de quien confesadamente le debe tanto. No creo que a él eso le hubiera importado; estoy seguro que le hubiera disgustado menos que el implacable fuego de artificio —alabanzas, ditirambos, carátulas— con que lo ha enterrado esa Francia oficial contra la que despotricaba. Hay que recordar que era un hombre sin ese género de vanidades, que no aceptaba homenajes y que tenía horror al sentimentalismo.

Washington, mayo-junio, 1980.

CALIGULA, "PUNK"

Las grandes obras atraviesan las épocas con un mensaje particular para cada una de ellas, además de ese otro, común, en el que comulgan las distintas generaciones que las reconocen y se reconocen en ellas. ¿Es el *Calígula* de Albert Camus una de esas piezas capaces de sortear, intangibles, siempre renacientes, las barreras del tiempo? Me lo preguntaba ayer, al ir al Odéon, donde el Jeune Théâtre National de Francia ha repuesto esta obra de juventud de Camus —fue escrita en 1939— y que Gérard Philipe llevó a las tablas, en una interpretación ya legendaria, en 1945.

La actualidad de la obra es evidente, desde las primeras líneas, cuando, escuchando a los nobles romanos preguntarse por el paradero del joven Emperador —quien, loco de dolor por la muerte de su hermana y amante, Drusila, ha desaparecido— descubrimos que su tema es el poder y la locura y las devastaciones que suceden cuando ambas cosas coinciden en una persona. Y más todavía si ésta tiene *"la pasión de lo imposible"*. Con el sufrimiento que le causa la pérdida de Drusila, Calígula descubre que la vida está mal hecha, que el mundo es imperfecto, que *"Los hombres mueren y no son felices"*. Esta comprobación lo desquicia y precipita en un delirio destructor y grotesco, cuya razón de ser es, de una parte, probar sangrientamente la fundamental absurdidad del mundo y, de otra, protestar, mediante un apocalipsis de violencia y sinrazón, contra el destino del hombre, miserable criatura a la que le ha sido dada la facultad de desear lo inalcanzable (él, por ejemplo, sueña con poseer la luna).

Camus escribió esta pieza en plena ascensión del nazismo y del fascismo, durante el reinado del estalinismo, a las puertas de la segunda guerra mundial. Este contexto impregna la obra y se refracta en la personalidad del héroe, cuya patología tiene, en su extravagancia y desmesura, características modernas. Es abstracta, racional y, en cierto sentido, ideológica. Como los grandes sistemas dictatoriales de nuestro siglo, Calígula parte de una idea que no cuadra con la realidad, que es rechazada por ésta. Para que ambas coincidan, el Emperador se encarniza contra lo real, multiplicando las crueldades y matanzas, a fin de someterlo a su esquema mental. La diferencia con las tiranías ideológicas modernas es que Calígula no proclama, como ellas, que la aplicación del terror es el precio que hay que pagar para que en el futuro reine la felicidad entre los hombres —objetivo que a él lo tiene sin cuidado— porque la utopía que él quiere materializar no es 'social' sino estrechamente individualista ("poseer la luna" o, sin metáfora, realizar las fantasías). Pero el procedimiento y consecuencias son semejantes. Al igual que los grandes dictadores 'ideológicos' contemporáneos, Calígula envenena, tortura y mata porque quiere nivelar la sociedad, volverla dócil, homogénea y coherente. Lo dice con inmejorable lucidez: *"acabar con los contradictores y las contradicciones".* Su lógica es simple y luminosa: se es culpable por ser súbdito de Calígula. Todos son súbditos de Calígula. Todos, pues, son culpables. La falta que expían sus innumerables víctimas es familiar para nosotros: estar allí, haber nacido en una sociedad sometida a un poder absoluto y omnímodo, en la que todos los ciudadanos han perdido la libertad para que el semidiós que gobierna tenga, él sí, una libertad inconmensurable y fatídica.

El pensamiento antiautoritario de Camus, su pesimismo refinado y melancólico, todo aquello que se expresaría más tarde en sus ensayos —sobre todo en el admirable *L'homme révolté*— aparece ya en esta obra de los comienzos de su carrera de escritor. Todo el Camus de la madurez se insinúa ya, con su horror no exento de fascinación por el espectáculo del poder absoluto y los cataclismos a que conduce, su rebeldía innata contra ese estigma de la condición humana —estar siempre rezagada con respecto a la imaginación y el deseo de los hombres—, su intenso amor a la vida, su culto a la belleza del mundo natural y del arte que sustituye la fe y, por último, su proclividad romántica a las sentencias efectistas y por momentos grandilocuentes.

Cada generación tiene derecho a releer una obra a su manera, a reescribirla en función de su circunstancia particular. El principio es válido pero, en sí, no significa nada pues cada caso sólo puede ser juzgado por sus resultados. Patrick Guinand, el director de esta reposición, ha hecho del Calígula de Camus un "punk". Con el pelo pintado de violeta o de verde, botas de vaquero, maquillaje estridente, relampa-

gueantes collares y entallados trajes de maniquí, el
tirano "idealista" evoluciona en un decorado 'retro'
que Serge Marzolff ha atiborrado de luces de neón,
molduras geométricas y prismas de cristal, a los acor-
des de una música desenfrenada, que procede a ratos
del jazz y a ratos del rock. Pero no toda la representación transcurre dentro de esta atmósfera. Para sub-
rayar la naturaleza simbólica del tema, suceptible de
encarnarse en distintas épocas históricas, los cor-
tesanos del Imperio aparecen en unas escenas vestidos con los impermeables de hule negro y los som-
breros alones de los policías de la Gestapo o del KGB,
y, en otras, con los trajes bien cortados, azul oscuro,
y las corbatas fosforescentes de los ejecutivos de la
gran empresa capitalista (o, mas bien, en los este-
reotipos indumentarios de ambos especímenes a que
el cine nos ha acostumbrado).

Adelantándose a cualquier objeción, los responsables del espectáculo recuerdan que Camus, al escribir la obra, precisó explícitamente que su personaje estaba concebido en términos alegóricos más
que históricos. En sus notas sobre el montaje, apuntó:
"Todo está permitido, salvo el estilo romano". Y
también: *"Fuera de la fantasía de Calígula, nada en
la pieza es histórico. Sus palabras son auténticas
pero el uso de ellas no lo es."* No hay duda que Camus
autorizaba de antemano a los futuros directores de su
obra todos los anacronismos y audacias.

Pero los que se ha tomado el Jeune Théâtre de Francia me parecen un total fracaso. En ningún momento
tiene el espectador la sensación del perfecto ensamble
entre el asunto que la pieza desarrolla a través de

los diálogos de los personajes y la estructura elegida por el director para materializarlo. Ambas cosas permanecen disociadas, escindiendo la atención del público, repeliéndose la una a la otra por una incompatibilidad esencial. Simplemente no creemos que el sanguinario sátrapa, tan lúcido por lo demás para juzgarse, sea ese figurín que evoluciona por el escenario con los movimientos dislocados de una estrella de discoteca. La ferocidad de sus actos y palabras queda devaluada, desmentida, por el artificio de sus gestos y maneras, convertida en un desplante estético más, en un complemento de mal gusto generalizado que contamina atuendos, muecas, cosas, sonidos. Con semejante lectura la obra resulta emprobrecida y caricaturizada.

Hace un año me tocó ver, en Londres, también en un teatro nacional, una versión de *Macbeth* presentada por Peter O'Toole con mucha sangre y truculencia, que, al igual que este espectáculo, bordeaba también el ridículo. Aquello provocó en Inglaterra un escándalo mayúsculo: la reposición fue crucificada unánimemente por la crítica y el imperturbable público inglés no vacilaba en reírse en voz alta durante la función. El *Calígula* del Odéon ha tenido, en cambio, me dicen, buena crítica, y el público, por lo menos ese día, parecía bastante entusiasta. ¿Significa ésto que los franceses se han resignado a que sus teatros nacionales ya no vuelvan a ser lo que eran cuando Vilar y Barrault o, simplemente, que se han vuelto menos rigurosos, más benovelentes?

París, 25 de febrero, 1981

BIBLIOGRAFIA

"Revisión de Albert Camus". *Marcha.* Montevideo XXIII (1113): 31, 29 junio 1962.

"Los otros contra Sartre". *Expreso.* Lima, 19 junio 1964.

"Los *Carnets* de Albert Camus". *Expreso.* Lima, 11 agosto 1964.

"*Un relato de Simone de Beauvoir*: Una muerte muy dulce". *Expreso.* Lima, 13 diciembre 1964.

"Camus y la literatura". *Expreso.* Lima, 31 enero 1965.

"Sartre y el marxismo: *Situations* diez años después". *Expreso.* Lima, 4 abril 1965.

"*Los secuestrados* de Sartre". *Primera Plana.* Buenos Aires: 76, 16 noviembre 1965.

"*Las bellas imágenes* de Simone de Beauvoir". *Caretas.* Lima (348): 38-39, marzo 1967.

"Flaubert, Sartre y la nueva novela". *Postdata.* Lima I: 20-22, octubre 1974.

"Albert Camus y la moral de los límites". *Plural.* México V (3): 10-17, diciembre 1975.

"Sartre, veinte años después". *Caretas.* Lima (555): 40-41, 4 junio 1979.

"El mandarín". *Caretas.* Lima (602): 46-47, 9 junio 1980; (603): 38-39, 16 junio 1980; (604): 46-47, 23 junio 1980; (607): 46-47, 14 julio 1980.

"Calígula, 'Punk' ". *Caretas.* Lima (640): 38-39, 16 marzo 1981.

INDICE

*La composición tipográfica
de este volumen se realizó
en los talleres de
Ediciones Huracán, Inc.
Ave. González 1002
Río Piedras, Puerto Rico.
Se terminó de imprimir el
día 23 de noviembre de 1981 en
George Banta Co.
Virginia, U.S.A*

*La edición consta de
4,000 ejemplares*